집안의 노동자

 C 아우또노미아총서 56

집안의 노동자 Family, Welfare, and the State

지은이 마리아로사 달라 코스따
옮긴이 김현지 · 이영주
펴낸이 조정환
책임운영 신은주
편집 김정연
디자인 조문영
홍보 김하은
프리뷰 남승현 · 박해민 · 전주희 · 한태준

펴낸곳 도서출판 갈무리 등록일 1994. 3. 3. 등록번호 제17-0161호
초판인쇄 2017년 8월 22일 초판발행 2017년 8월 24일
종이 화인페이퍼 인쇄 예원프린팅 라미네이팅 금성산업 제본 은정제책

주소 서울 마포구 동교로18길 9-13 [서교동 464-56]
전화 02-325-1485 팩스 02-325-1407
website http://galmuri.co.kr e-mail galmuri94@gmail.com

ISBN 978-89-6195-168-5 03330
도서분류 1. 인문학 2. 정치학 3. 여성학 4. 경제학 5. 사회학 6. 역사

값 17,000원

이 도서의 국립중앙도서관 출판예정도서목록(CIP)은 서지정보유통지원시스템 홈페이지(http://seoji.
nl.go.kr)와 국가자료공동목록시스템(http://www.nl.go.kr/kolisnet)에서 이용하실 수 있습니다.(CIP제
어번호 : CIP2017019113)

집안의
노동자

**뉴딜이 기획한
가족과 여성**

Mariarosa
Dalla Costa

**마리아로사
달라 코스따
지음**

**실비아
페데리치
서문**

**김현지
이영주
옮김**

갈무리

일러두기

1. 이 책은 Mariarosa Dalla Costa, *Family, Welfare, and the State : Between Progressivism and the New Deal*, trans. Rafaella Capanna (New York : Common Notions, 2015)를 완역하였다.
2. 인명, 단체, 회사, 학회, 협회, 연구소, 위원회, 법률, 저작은 본문에 처음 나오는 곳에 한 번만 원어를 병기하였으며, 색인에 병기하였다.
3. 단행본, 전집, 정기간행물, 보고서에는 겹낫표(『』)를, 논문, 논설, 기고문 등에는 홑낫표(「」)를 사용하였다.
4. 지은이 주석과 옮긴이 주석은 같은 일련번호를 가지며, 영역자의 주석에는 [영역자], 옮긴이 주석에는 [옮긴이]로 표시하였다.
5. 색인은 원서에는 없으며, 옮긴이가 작성하였다.
6. 책 속의 이미지와 설명은 한국어판 독자들의 이해를 돕기 위해 갈무리 출판사 편집부에서 삽입하였다.
7. 마리아로사 달라 코스따의 주요 활동과 주요 저작 목록은 저자가 제공하였다.

아버지 프란체스꼬와 어머니 마리아 기델리에게 바칩니다

차례

집안의 노동자

실비아 페데리치(Silvia Federici, 1942~)는 여성주의 저술가이자 교사이며 투사이다. 1970년대에 마리아로사 달라 코스따와 더불어 가사노동에 임금을 지급하라 캠페인을 국제적으로 펼쳤다. 저서로 『캘리번과 마녀 : 여성, 신체, 그리고 시초축적』(갈무리, 2011), 『혁명의 영점 : 가사노동, 재생산, 여성주의 투쟁』(갈무리, 2013) 등이 있다.

복지 국가welfare state가 종말을 고하면서, 미국에서 시작된 뉴딜New Deal 정치를 재평가해야 한다는 목소리가 높다. 따라서 마리아로사 달라 코스따의 『집안의 노동자 : 뉴딜이 기획한 가족과 여성』 미국판 출간은 매우 시의적절하다고 할 수 있다.

이 책은 복지 국가가 이미 역사적인 위기를 겪고 있던 1983년 이탈리아에서 처음 출간된 것으로, 뉴딜이 도입한 여성과 국가의 새로운 관계 및 새로운 재생산 체제의 발전 과정을 주로 다룬다. 이 새로운 재생산 체제에서 노동계급 주부는 노동력의 생산자 및 노동자가 벌어오는 임금의 관리자로서 전략적인 역할을 한다.

이러한 측면은 복지 국가가 가진 한계를 이해하고 복지 국가의 대안을 만드는 데 결정적인 부분이지만, 오늘날까지 뉴딜 정치 연구에서 충분히 다뤄지지 않았다. 이탈리아 오뻬라이스모Operaismo 이론가들은 뉴딜이 계급 관계 관리의 전환점이자, 자본 성장 계획에 계급투쟁을 의식적으로 통합한 최초의 사례라고 보았다. 그러나 그들조차 계급 간에 일어난 역사적인 변화를 뒷받침하는 것이 여성과 국가가 중심이 되는 관계라는 점은 간과했다. 마리오 뜨론티Mario Tronti를 포함한 오뻬라이스모 정치 이론가에게 뉴딜은 단체 교섭collective bargaining이 제도화되고 국가가 경제 계획의 대리인으로 변화하는 것을 의미했다.[1] 뉴딜은 임금 상승이 노동 생산성과 교환되고 그것과 상응해야 한다고 보는 케인즈John Maynard Keynes 정책의 일환으로, 이 안에서 국가와 노조는 균형 상태를 보장하는 보증인 역할을 한다.

그러나 달라 코스따는 뉴딜 시대의 복잡한 사회구조가 노동력 재생산의 개편과 미국 자본주의 체제로 통합된 가족 및 여성의 가사노동으로 유지된다는 것을 보여준다. 당시 노동자는 새로 획득한 단체 교섭력을 바탕으로 가족 임금 인상을 이뤄냈다. 뉴딜 지지자들은 여성이 더 높아진 가족 수입을 생산적으로 사용해서 더 잘 통제되고, 더 평화로우며, 더 높은 생산성을 발휘하는 노동력을 만드는 데 기여하도록 기획하였다. 이와 같이 '집안의 노동자'는 뉴딜의 성공 또는 실패를 좌우하는 전략적 주체였지만, 여성의 노동을 착취하기 위해서 여성은 드러나지 않게 일해야 했다.

달라 코스따를 포함한 많은 역사학자는 대서양을 사이에 둔 두 대륙에서 19세기 말부터 이어진 합리화가 포드주의Fordism를 기반으로 1차 세계대전 직전에 정점에 도달했고, 뉴딜이 이 추세를 이어갔음을 인정한다. 1914년, 포드 공장은 임금 계약을 명문화하여 일당 5달러 임금을 획기적으로 도입하고 가정생활을 개편하였다. 달라 코스따가 주장하듯이, 뉴딜의 복지 및 노동 규정은 분명히 포드의 임금 계약을 모형으로 만들어졌다. 포드주의는 가사노동 합리화의 실험실이었고, 뉴딜은 가사노동 합리화가 필요했다. 소비재가 공장에서 대량 생산되었기 때문에 포드주의 '정책'에서 주부는 소비재를 직접 생산할 필요가 없었다. 대신, 주부는 임금을 현명하게 관리하고 다음 세대를 사회화하는 일을 담당하였다. 이 같은 주부의 역할 변화 역시 진보 시대에 합리화라는 새로운 지식 체계가 추구하는 목표였다.

뉴딜이 시작되면서, 국가는 단체 교섭을 도입하고 집

안일을 제도화해서 처음으로 노동자의 사회재생산^social reproduction을 책임지게 되었다. 그러나 집안일은 '사랑으로 하는 노동'으로 포장되곤 했다. 달라 코스따가 보여주듯이, 뉴딜은 국가가 가정·가족·학교·여성의 노동을 '사회적 공장'으로 기획하고, 이 사회적 공장이 노사 관계의 생산성과 평화를 결정하도록 만든 유일한 정책이었다.

달라 코스따는 포드주의 시대부터 대공황 및 1935년 사회보장법^Social Security Act 제정에 걸친 역사의 발전 과정을 설명한다. 특히, 이 책의 진가는 이러한 역사 발전 과정에서 사회 세력이 노동자와 자본의 관계 및 노동계급 내부 관계에 끼친 영향을 분석한 데서 드러난다. 또한 이 책은 뉴딜을 페미니스트 관점에서 분석하는 데 크게 기여하고, '공공'^public의 역할 및 '공유'^common를 해석하는 데 비판적으로 개입하여 기존 논쟁을 발전시킨다.

첫 번째로 달라 코스따는 최근 몇몇 페미니스트와 달리, 뉴딜을 '어진 아버지' 또는 '어버이 같은 국가'로 찬양하지 않는다. 『집안의 노동자』에서 뉴딜은 노동계급이 혁명을 일으킬 위험으로부터 '자본주의를 구하는' 최후

메스트레(베니스)에서 열린 집회에 플래카드를 들고 참석한 마리아로사 달라 코스따. '가사노동에 대한 임금'(SALARIO al LAVORO DOMESTICO)이라는 문구가 보인다. (1975년 5월 1일)

의 수단이자 본질적으로 생산성을 높이기 위한 제안이다. 또한, 뉴딜은 가부장적이고 인종 차별적인 질서를 지속시켰다. 사회 보장 제도는 임금 노동자를 위해 마련되었지만, 가사노동자는 임금을 받고 일할 때조차 사회 보장을 받지 못했다. 또한, 뉴딜 정책이 집행되는 과정에서 고용 창출부터 시작해 가사노동자가 받는 유일한 사회 보장 기금인 유자녀원조Aid to Dependent Children, ADC, AFDC 지급에 이르기까지 인종 차별, 착취, 지배가 만연했다.[2] 그렇지만 달라 코스따는 여성을 위한 사회 보장 조항이 여전히 중요하다고 보는데, 사회 보장 조항 덕분에 1960년대에 국가와 대립하는 새로운 지형이 대규모로 확대되었기 때문이다. 사회 보장 조항이 생기고 난 후 여성은 남성의 임금에 의지하지 않고 자율성을 획득했다. 또한 사회 보장 조항에서 영감을 얻어 가사노동에 임금을 지급하라 캠페인Wages for Housework Campaign이 전 세계로 퍼졌는데, 달라 코스따는 이 캠페인의 발기인이자 주요 후원자였다.

다음으로, 이 책은 여성이 1930년대 사회 투쟁과 공장 투쟁에서 매우 창의적인 역할을 했고, 가족 관계에도 변화를 불러왔음을 강조한다. 『집안의 노동자』는 중요하지만 많이 다뤄지지 않았던 주제인 뉴딜이 탄생한 사회적 맥락을 부각시킨다. 즉, 미국 노동자가 다양한 방식을 활용하여 주도적으로 자율 조직self-organization을 만들고 자체 재생산self-reproduction을 했다는 점에 주목한다. 자율 조직이 급증한 현상에 관해서는 오늘날까지도 거의 쓰인 바가 없다. 이러한 자율 조직 규모는 아르헨티나에서 노동자가 생필품을 직접 만들기 위해 공장을 탈취한 자주 관리self-management시도보다 훨씬 컸다.[3] 이 역사를 되돌아보며 오늘날 우리가 어디에 힘을 쏟고 무엇을 위해 운동을 조직할 것인지 자문해 봐야 한다. 우리는 복지 국가를 부활시키거나 옹호할 수도, 아니면 더 자율적인 재생산 방식을 만드는 데 집중할 수도 있다.

　뉴딜과 복지 국가 제도는 노동계급을 구하였는가, 아니면 노동계급이 가진 자율적인 재생산 능력을 파괴하였는가? 적어도 미국에서는 이 질문이 급진적인 정치 논쟁의 중심으로 떠오르면서, 뉴딜의 '재생산' 정치에 관한 평가가 어느 때보다 중요해졌다. 달라 코스따의 저작은 뉴딜을 재생산 정치의 측면에서 재평가하는 데 크게 기여한다.

뉴욕 브루클린에서
실비아 페데리치

이 책을 쓴 목적은 뉴딜 관련 문헌에서 빠진 부분을 살펴보는 것이다. 다시 말해, 프랭클린 루즈벨트Franklin D. Roosevelt 대통령이 시행한 정책에서 여성과 국가의 관계 및 가족과 여성의 역할을 밝히고자 한다. 1930년대 미국에서 국가와 사회재생산이 맺고 있던 관계를 알아보기 위해서는 우선 여성, 가족, 국가라는 주제를 명확히 규명해야 한다.

계급 관계의 새로운 관리 형식이 된 단체 교섭 제도에 관해서는 이미 많은 문헌에서 이야기했다. 공공 지출이 성장을 촉진시키는 역할을 했다는 점 역시 마찬가지로 많이 연구된 분야이다. 이에 더하여, 뉴딜 정책이 방대하고 상세한 작업을 통해 노동력 재생산을 어떻게 재구성하였는지, 국가의 설계 아래 이러한 노동력 재생산 작업과 경제 성장 양상이 어떻게 통합되었는지 밝혀져야 한다. 결과적으로 말하면, 국가는 공공 지출이라는 새로운 역할을 맡아서 인적 자본에 투자하였고, 그 결과 노동 생산성이 향상되었다.

뉴딜은 기술 혁신이 일어난 19세기 후반과 포드주의가 성행한 1차 세계대전 전부터 제기된 노동력 재생산 문제에 해답을 제시하였다. 19세기 후반의 기술 혁신, 포드주의, 뉴딜 정책에서 모두 노동 생산성을 증가시킬 목적으로 인적 자본에 투자가 이뤄졌다. 따라서 노동계급에 투자하라는 알프레드 마셜Alfred Marshall의 권고(『경제학원리』*Principles of Economics*, 1890)와 헨리 포드Henry Ford의 '일당 5달러'Five-Dollar Day, FDD 정책은 연결된 것으로 볼 수 있다. 그뿐만 아니라, 그 연장선에서 1935년 사회보장법이 추진되었다. 비록 인적 자원에 대한 투자 필요성은 가장 진보적인 자본 옹호자들이 거론하였지만, 인적 자원의 가치가 보편적으로 인식된 것은 1930년대 노동자 투쟁이 있고 나서였다.

경제 분야에서 국가는 이전과 달리 재정 적자를 수용하고, 수요 부양을 위해 공공 지출을 늘려 성장을 추진하였다. 단, 노동자의 소비활동이 노동자가 신체적으로 능률이 높아지고, 심리적으로도 잘 통제되는 결과로 이어져야 했다. 그래야 노동계급이 더 강도 높은 작업리듬을 받아들일 수 있을 터였다. 임금 및 국가가 지급하는 소득은 노동 생산성 향상으로 이어질 것이므로, 국가는 여성의 가사노동을 바탕으로 한 가족 제도 강화를 목표로 모든 계획을 수립했다. 여성은 자녀와 남편을 돌보기 위해서 이제까지 하지 않아도 되었던 복잡하고 다양한 과업을 수행해야 했다. 균형 잡힌 식사 준비는 가사노동의 중요한 물질적 과업 중 하나에 불과했다. 이처럼 주부가 재생산 노동에 참여하는 것은 물론이고, 국가 역시 노동력 재생산과 향상을 직접 책임졌다. 한 예로, 학교 무료 급식 프로그램은 새로운 세대가 신체 능률을 높여서 대공황 세대가 가능한 한 빨리 난국을 극복해야 한다는 우려 섞인 목소리에 국가가 응답한 것이다. 사회과학 역시 가정·식사·성[註]·출산율·건강·교육·여가와 같은 주제에 점차 주목했는데, 이는 재생산 계획 및 사회 계획을 적절하게 지식 체계화하는 일로 연결되었다. 또한 국가는 사회 원조social assistance 기능에도 개입했다. 사회 원조와 관련된 국가 개입은 단지 노동력을 신체적으로 회복시키는 것만 의미하지는 않았다. 그보다는 오

연방잉여물구제공사가 제공한 급식 프로그램 (1936년경)

히려 생산 주기 변화에 따른 고용 기회와 피고용인의 주관적 능력(장애, 연공서열)과 무관하게 최저 생활을 보장해 주는 것과 관련이 있었다. 국가는 새로운 사회 및 경제 질서를 수립하기 위해 이러한 조치를 취했다. 하지만 새로운 사회구조적 특징이 나타나기 위해서는 가족 중심 문화와 가족 안에서 여성이 하는 노동이 밑바탕에 깔려 있어야 했다.

뉴딜은 국가와 노동계급이 맺은 최초의 포괄적 합의로, 국가가 노동 생산성 증가를 대가로 노동계급에 일정 수준의 재생산 보장을 약속했다. 이 합의는 특히 가족을 재편성하고 여성의 가사노동을 극대화하는 방식으로 나타났다. 여성이 집 밖에서 하는 노동은 특정 분야와 비율 내에서만 허용되었고, 그마저도 대공황 기간에는 가족의 생존과 유대 강화에 힘을 보태야 했다.

케네디John F. Kennedy의 뉴 프런티어 정책New Frontier policy(1957년 소련이 인공위성 스푸트니크호를 발사한 이후 국가의 과학 기술 잠재력을 높이기 위해 대학 교육에 대규모로 투자하였다)과 1960년대 빈민가에서 발생한 인종 봉기 이후 존슨Lyndon B. Johnson이 '빈곤과의 전쟁' 및

'위대한 사회' 정책을 시행하기 전까지 전후 기간 내내 뉴딜은 모범적인 사회 협약으로 존속했다.

1970년대는 뉴딜이 미국에서 역사적인 종결을 맞음과 동시에 미국의 영향을 받은 여러 나라가 취했던 유사한 성장 계획도 종료된 때였다. 레이건Ronald Reagan 정부는 인플레이션, 경제 성장 침체, 이윤 손실 방지를 명목으로 후버Herbert Hoover 시대로 역행하는 듯한 정책을 통과시켰다. 사회 원조 부문에서 공공 지출을 폐지하자 복지, 메디케이드Medicaid, 메디케어Medicare, 학교 급식, 저소득층 주택 보조금, 학자금 대출 보조금이 삭감되었다. 뉴딜 정책이 신성시하던 사회 보장 제도 역시 1983년 연방 예산을 시작으로 축소되었다. 자유방임주의laissez faire와 공급 중심 경제 이론(사회 원조를 위한 공공 지출은 줄이고, 투자 장려를 위해 기업에 부과하는 세금을 낮추는 것을 의미한다)이라는 미명 아래, 국가가 사회재생산을 책임져야 한다는 뉴딜의 대전제가 공격받았다. 따라서 국가가 재생산에 개입하면 노동 생산성이 커진다는 생각도 반대에 부딪혔다. 이는 비록 한 번도 명확하게 언급된 적은 없지만, 광범위하게 복지를 축소시킨 레이건 정책의 기본 전제이다.

'민간 자선을 장려해야 한다,' '일하려는 마음만 있으면 일자리는 존재한다,' '실업자가 되는 이유는 저임금에 적응하기를 거부하기 때문이다.' 1980년대를 수놓았던 이 구호는 진보적 후버주의liberal-Hooverian 논지를 본뜬 것이다. 그렇다면 1980년대가 후버 시대로 복귀한 것인가? 그렇지 않았다. 비록 실업자가 1천3백만 명에 달하고 빈곤이 만연하는 등 경제 상황이 대공황 때와 유사하지만 후버 시대로 귀환한 것은 아니었다.

무기 관련 지출을 늘리는 대신 사회 원조 지출은 줄이는 레이건 정부의 정책은 만일의 사태에 대비한 비상 대책이 아니었다. 이 정책은 오히려 자본과 노동계급의 관계가 역사적인 전환점을 맞이했음을 보여 준다. 다시 말해, 이 관계의 바탕에 놓인 축적과 합의의 형태가 변화한 것이다. 레이건 정부의 정책이 나오고 곧바로 대규모 산업 구조조정이 뒤따랐는데, 이는 1960년대 복지 투쟁welfare struggle이 낳은 정치적 재구성을 해체하는 것을 목표로 했다. 이런 상황에서 어머니들이 복지를 요구하며 투쟁을 벌였다. 여성 운동은 무급 가사노동 및 종속 관계

기아 종식을 요구하는 전국복지권기구의 행진 (1968년)

를 바탕으로 하는 사회재생산 방식에 반대하였고, 어머니들이 벌인 복지 투쟁은 이러한 여성 운동의 중요한 지표였다. 여성은 복지 분야와 노동 시장에 정치적으로 압박을 가하면서 임금을 요구했다. 여성이 무급노동이나 가족 통제를 거부하면서, 재생산 분야에 투자하여 생산적인 결과물을 얻을 수 있는 수단이나 보증서로서 가족이 가진 지위도 약화되었다. 1970년대 중반 이후 이어진 작업장 태업absenteeism, 조기 은퇴, 잦은 이직 추세가 보여주듯이 노동자의 불만이 광범위하게 확산되었는데, 경제학자들은 이를 두고 남성 노동자의 행동이 '여성화'된 것이라고 평가했다. 1960년대와 1970년대 재생산 영역에서 여성이 벌인 사회 투쟁은 케인즈의 계획이 기반을 두었던 생산과 재생산 사이의 균형을 깨뜨리는 데 분명 중요한 역할을 했다. 여성 가장과 이혼의 지속적인 증가, 1970년대 인구 급감은 전후 성장 주기의 기본 전제가 한계에 부딪혔음을 가장 빠르고 분명하게 보여 주는 지표였다.

우리는 이제 정치경제 분야에서 보편적인 인식에 도달했다. 즉, 뉴딜의 '사회 보장' 방식이 책임진 요구 사항들이 더 이상 미국 자본의 생산성 및 경쟁력과 함께할 수 없다는 것이다. 실제로 레이건 정부가 실행했던 산업 구조조정은 현실에서 어떤 저항도 받지 않았다. 대규모 산업 생산이 종말을 고했고, 특정 유형의 임금 체계 때문에 가능했던 특정 부류에 속하는 노동계급 역시 사라졌기 때문이다. 전후에 경제적으로 가장 크게 성장한 분야(자동차, 철강, 고무, 건설)이자, 상품을 대량 생산할 뿐만 아니라 더욱 균등한 대량mass 임금을 만들어 낸 분야는 역사적 쇠퇴기에 들어섰으며 최악의 고비에 놓여 있다. 제조업 분야는 피라미드형 생산 및 임금 체계로 대체되고 있고, 피라미드 꼭대기에는 에너지, 컴퓨터 공학, 유전자 공학 같은 첨단 기술 산업이 있다. 아주 다양한 서비스 산업, 특히 **재생산 서비스**(식품, 서비스, 의료 서비스 등)가 피라미드의 가장 아래 영역을 차지한다. 많은 가사 노동 영역이 집을 벗어나 임금을 받는 일자리로 재편되었다. 또한 섬유업에서 전자 기술 산업에 걸쳐 존재하는 방대한 '산업 암시장'은 이주 노동자 및 여성의 노동으로 유지된다.

재생산 관련 공공 지출 삭감, 재생산 분야의 계획을 세우는 데 국가가 보인 고의적인 **태업**, 산업 구조조정은 모두 긴밀하게 연결되어 있다. 국가는 사람들이 소위 '자유로운 주도권'을 가지고 재생산을 하도록, 즉 사회가 짜놓은 계획을 벗어나 개인이 개별적으로 재생산 문제를 해결하도록 내버려 두었다. 레이건은 가족이 중요하다는 미사여구를 늘어놓지만, 정작 그 속에 가족 정책은 없다. 주택 대란이나 더 넓게는 건설 위기 상황이 이를 잘 보여준다. 오늘날 우리는 아메리칸 드림을 이루는 것, 즉 자신의 집을 소유하는 것이 대다수 사람에게 불가능하다는 사실을 당연하게 받아들인다. 노동계급의 재생산을 위한 국가 투자 역시 엄청나게 공격받고 있다. 노동 시장은 남녀를 가리지 않고 극심한 경쟁으로 치닫고 있으며, 대량 실업은 노동자의 기대감을 꺾어버린다. 한편 미국 기득권층의 자유 민주 진영(좌파, 노동조합, 민주당의 특정 집단)은 미국의 탈산업화를 옹호하고 있지만, 노동계급의 대대적인 신분 격하 상황에서 자본주의적 대안을 제시하지 못하고 있다. 새로운 피라미드형 임금 체계는 노동계급 내부에 존재하는 차이와 위계를 더욱 심화시킬 뿐만 아니라, 생활수준이 보편적으로 하락하는 상황마저 불러올 것이다.

1장

대량 생산과 새로운 도시 가족 질서

1929년에 대공황이 일어나자, 미국 역사상 최초로 고용과 실업 사이의 균형이 깨졌다. 미국 자본가나 루즈벨트 정부는 이 균형을 회복하여 고용 문제를 완벽하게 해결할 수 있다는 환상을 가지고 있었고, 실제로 전쟁 기간에는 실업자가 어느 정도 감소하기도 했다. 그러나 전쟁 기간을 제외하면 실업은 미국 경제의 고질적인 문제가 되었다.

1929년에 실업이 갑자기 대규모로 급증하면서, 노동력 재생산도 위기에 처했다. 헨리 포드가 1914년에 기념비적인 '일당 5달러' 전략을 실행하여 최초로 '보편적인' 가족 구조를 확립하였으나, 이 역시 위기를 맞았다.[1] 헨리 포드가 공장에 도입한 임금 정책은 이후 효율성 관리에 관한 유명한 논쟁을 점화시켰고, 공장 노동자가 생산성을 유지하는 데 필수적인 가사노동의 양과 질을 간접적으로 규정했다.

1910년대 이전에는 생산성이 증가하면서 국가가 이민을 적극적으로 장려하였다. 그런데 1910년대에 노동자 투쟁과 세계산업노동자연맹Industrial Workers of the World, IWW의 무력시위가 활발하게 일어나자, 이에 대한 대응

세계산업노동자연맹(IWW) 회원이자 아나키스트, 미국에서 최초로 단식 투쟁을 한 여성인 레베카(베키) 에델슨(Rebecca Edelsohn, 1889/1892~1973)이 1914년 6월 경찰에 체포되는 장면. 그해 5월 30일 IWW 회원들이 개최한 집회에서 치안 문란 행위를 했다는 죄목이었다. 당시 에델슨은, 공권력과 결탁해 파업하는 광부와 그들의 가족 20명을 죽게 한 광산 재벌 록펠러를 규탄하는 운동을 주도했다. 재판정에서 그녀는 존 D. 록펠러를 "다수-살인범"(multi-murderer)이라 칭했다고 한다.

으로 국가는 1914년부터 1924년까지 이민을 대폭 제한하게 된다.[2] 대량 이민의 가능성이 사라지자, 노동력 재생산의 양과 질에 관한 문제는 미국 내부에서 해결해야 했다.

포드 정책은 임금에 대한 관점이 바뀌었음을 보여 준다. 이제 가장 합리화된 산업 부문에서 노동자의 재생산, 다시 말해 노동계급 가족의 재생산을 지원할 필요성을 인식한 것이다. 노동계급 가족은 한편으로는 아내를 포함한 가족 부양 임금을 벌 수 있는 남편의 능력에,[3] 다른 한편으로는 노동력의 생산과 재생산을 전담하게 된 주부에 의지하였다.[4]

포드 같은 자본가는 노동력 재생산 비용에 대해 임금 인상이라는 정책을 내놓았고,[5] 임금 인상 정책은 가족 관리, 즉 재생산 자체를 통제하는 장치를 동반했다. 일당 5달러는 고용된 지 6개월 미만 노동자, 21살 미만 청년, 여성에게는 지급되지 않았지만, 여전히 '혜택'으로 묘사되었다. '도덕적'이거나 위생적인 생활을 하지 않으면 혜택을 받을 자격이 없어지거나 빼앗길 수도 있었다. 예를 들어, 불량한 무리와 어울리거나, 집안싸움을 하거나, 이혼할 예정이거나 이미 이혼을 신청했을 때, 도박·담배·술을 자주 하면 보류 또는 취소될 수 있었다. 베이넌[Huw Beynon]에 따르면 이 시대에 들어서서 고용주는 대학 교육을 받은 전문가(사회학자, 심리학자, 정신공학자)와 협력하기 시작했다.[6] 포드는 대학의 '사회학과'와 조사관 및 관리자들로 하여금 노동자의 집에 들어가 그들이 어떻게 생활하는지, **급여를 어떻게 쓰는지** 조사하게 했다. 일당 5달러 임금을 받아 도덕적으로 청렴한 생활을 하지 않으리라고 여겨지는 사람은 누구나 이 '혜택'에서 제외될 수 있었다.[7]

여성도 일당 5달러 혜택의 수혜자가 아니었다. 포드는 여성이 반드시 결혼을 해서 주부로서 임금을 관리하길 원한다고 공개적으로 밝혔다. 필요한 물자(노동력 복원에 필요한 물자)는 공장에서 생산되기 때문에 주부는 늘 부담스럽게 여겨왔던 일에서 해방되었다. 이제 필요한 물자는 상품 형태로 구매할 수 있었다. 따라서 여성의 능력은 노동력을 복원하기 위해 물자를 직접 조달하는 것이 아니라, 임금을 관리하여 상품을 구입하는 것으로 결정되었다.[8]

19세기에는 가족 제도가 사회재생산을 주도하는 역할을 거의 하지 못한 반면 20세기 초에 합리화가 진행되자 가족 제도를 다시 정립해야 한다는 의견이 대두되었다. 이를 위해서 주부가 재평가되었고, 주부가 하는 일도 다시 정의되었다.[9] 20세기 초에 들어 가사노동도 **노동**이라고 인식되긴 했으나, 페미니즘 운동 대부분은 집안일에 도덕적 가치를 부여하려는 세력을 받아들였다. 페미니즘과 개혁주의가 교차하는 지점은 '가정학운동'Movement for Domestic Science으로 나타났다. 가사노동의 합리화, 즉 노동력 재생산 과정의 합리화는 공장에서 일어난 합리화처럼 최소 비용으로 최대 성과를 얻으려고 했다.

이민자 공동체를 미국화하기 위해서 사회복지사들은 이민 여성에게 합리화 지침을 전했고, 노동자의 임금을 관리하는 방법도 마련되었다.[10] 그러나 이 시도가 어디서나 같은 방식으로 이뤄진 것은 아니다. 포드는 미국화를 더 난폭하고 편협한 방식으로 이해하여, 공장 노동자를 강제로 미국화하면 생산성이 더 빨리 증가할 것이라고 생각했다. 1911년에 국제협회International Institute가

한 대학의 가정학 수업 (1926년)

이민 여성을 돕기 위해서 기독교여자청년회Young Women's Christian Association, YWCA의 한 분과로 설립되었다. 국제협회 지부들은 지역에서 공동체를 회복시키기 위해 사회복지사와 함께 여러 프로그램을 개발했는데, 지역 공동체 회복은 사회과학 및 개신교 전통에서 나온 사회 진보주의의 주요 주제였다. 이처럼 국제협회 지부는 극단적이지 않지만 확실한 방법으로 이민자를 미국 문화에 편입시켰다.[11] 우리는 지금까지의 논의를 통해서 전반적으로 가사노동의 과학적 관리에 대한 권장이 20세기의 첫 20년간 극도의 절약을 권장했던 것과 다름없었음을 볼 수 있다. 뛰어난 학자이자 루즈벨트의 경제 자문이었던 웨슬리 미첼Wesley Clair Mitchell은 1912년에 다음과 같이 썼다.

…… 가족이 돈을 지출하는 가장 중요한 단위인 한, 돈을 지출하는 기술이 돈을 버는 기술보다 뒤처질 것이다 ……. 젊은 아내는 거의 직업정신 없이 집안일을 한다. 그녀는 좋은 아내와 좋은 엄마가 되는 것을 가장 숭고한 임무로 여기며, 좋은 관리자가 되는 것은 의심할 바 없이 이 임무의 일부분이지만, 전부는 아니다. 아

내가 남편이나 자식과 인간적으로 맺는 관계가 업무적인 부분보다 더 우위에 있는 것이다. …… 아내는 인간으로서 하는 일과 노동자로서 하는 일을 아주 선명하게 나눌 수 없다. 따라서 아내는 살림을 유능하게 해내야 하는 직업, 뚜렷하게 독립된 일이라고 생각하지 않는다.[12]

당대 다른 경제학자와 마찬가지로 미첼은 여성이 덫에 걸린 상황을 만족스럽게 생각했다. 아내는 가족 구성원과 맺는 '인간적인 관계'를 위해 일했다. 한편 20세기 초에 이미 여성이 남편 없이 독립적으로 살아갈 가능성을 묻는 페미니스트들이 존재했다.[13] 다시 말하면, 성[性]과 관련하여 자율적으로 선택하고, 자신의 집에 살며, 자식을 위해 희생하기를 거부할 가능성이었다.[14] 산발적이긴 하지만 페미니스트들은 가사노동을 한 대가로 남편의 임금 중 일부를 받거나 국가가 직접 대가를 제공하는 문제도 거론했다.[15]

하지만 이 문제는 사회주의 신문인 『시카고 이브닝 월드』*Chicago Evening World*가 1912년에 여성 투쟁의 새로운 특징을 강조하는 기사를 쓰지 않았다면 제기될 수 없었을 것이다.

주부인 여성은 자본가 사장이 주는 임금을 직접 받지 않는다. 따라서 자신이 경제 체제와 연결되어 있다는 점을 항상 인지하고 있는 것은 아니다. 그러나 주부와 경제는 실제로 다소 간접적이지만 매우 긴밀하게 연결되어 있다. 사장이 노동자 한 명의 노동력을 살 때, 노동자의 아내가 가진 노동력도 함께 사기 때문이다. 남성이 하는 일이 힘들수록 아내 역시 더 많은 일을 해야 한다. 노동자는 아침 일찍 일어나서 불을 켜고, 아침 식사를 한 후, 공장이나 광산에 하루 종일 일하러 간다. 아내가 가정을 돌보며 충실하게 사적인 서비스를 제공하고 보살펴 주지 않으면 노동자는 맡은 임무를 잘 수행할 수 없다. 아내는 새벽에 일어나 남편을 위해 아침 식사를 만들고, 점심 도시락을 싸고, 모든 준비물을 남편 손에 쥐어 준다. 남편은 시간과 에너지를 아껴야 한다. 남편의 시간과 에너지는 모두 사장 소유이다. 아내는 자신을 소모하여 사장이 피해를 입지 않도록 해야

가사노동에 대한 임금을 주장한 사회주의 페미니스트인 크리스탈 이스트만과 법률가이자 진보주의 개혁가인 에이머스 핀초 (1915~1920년경). 두 사람은 '군사주의에 반대하는 미국인 연합'(American Union Against Militarism)의 회원으로 미국의 1차 세계대전 참전 반대 활동을 함께했다. 단체는 영리 무기 제조업을 금해야 한다고 주장했고, 징병과 제국적 모험에 반대하는 캠페인을 벌였다.

한다······. 월급을 받는 여성은 자신이 정치 경제적으로 꼭 필요한 존재임을 최초로 자각한 여성이다. 그녀가 자본주의적인 사회 구조와 직접적으로, 분명하게 관계를 맺고 있기 때문이다. 주부는 이들보다 느리긴 하지만 각성하고 있다. 주부는 광산이나 공장의 자본가 사장이 집에 있는 여성의 노동력을 지배한다는 점을 깨닫기 시작했다. 보수를 주거나 인정해주지도 않으면서 그녀의 삶을 내내 움켜쥔 채로 말이다.[16]

이 시기에 국가는 대대적으로 사회 개혁을 추진했다. 국가는 인적 자본에 투자해야 한다고 생각했고, 무엇보다 여성과 아동을 대상으로 하여 집중적으로 개혁을 추진하였다. 급격하게 팽창하는 도시에서 인간관계가 붕괴되는 현상이 두드러졌고, 교육 계획은 이에 대한 대응에 특별히 초점을 맞췄다. 사람들은 가족과 교회가 더 이상 예전 기능을 하지 못한다는 점을 아쉬워했고, 이제 학교가 사회화와 교육을 위한 주요한 장소로 새롭게 떠올랐다. 1902년 존 듀이John Dewey는 미국교육협회National Education Association가 주최한 학회에서 사회적 중추라는 개념을 선보였다. 듀이는 학교가 "마찰과 불안정을 줄이고 더 깊이 공감하며 이해의 폭을 더 넓히는 방식으로 사람들과 그들의 생각, 믿음을 한데 모으는 수단"이 되어야 한다고 주장했다.[17] 그는 학교를 사회적 중추로 활용하면 도시 삶의 질이 향상될 것이라고 생각했다. 학교는 사창가, 술집, 무도장 대신 대안적인 오락을 제공할 것이기 때문이다.[18] 이처럼 교육은 미국인의 삶에서 사회정치의 근본적인 영역을 담당하게 되었다.

국가는 여성, 여성 노동, 가족 문제에 광범위하게 개입했다. 농무부The Department of Agriculture는 가정학협회 Home Economics Association와 함께 수천 명의 여성을 유급 혹은 무급으로 파견해, 가사를 효율적으로 하기 위해 필요한 기초 지식을 다른 여성들에게 가르치게 하였다. 보크Gisela Bock와 두덴Barbara Duden은 미국에서 일어난 가정학운동 및 가정학을 교육 과정에 도입한 것과 상응하는 일이 1920년대 독일에서 있었음을 이야기하면서, 스미스–레버법Smith-Lever Act과 스미스–휴즈법Smith-Hughes Act이 가정학운동과 연방정부의 관계를 영구적으로 결속시켰다는 점에서 가정학운동 역사에서 획기적인 사건이었다고 강조한다.[19] 한 예로, 식품을 통제하기 위한 입법이 추진되었다.[20] 건강, 위생, 교육, 훌륭한 가족 질서에 관한 지침이 내려졌다. 복지 분야에서도 조치가 이어져, 최초로 혼인 여부와 가족 구성에 따라 가족 수당 및 차별 과세 체계가 조성되었다.

국가가 추진하는 사회 개발은 본질적으로 이상적인 수준에 머물러 있었지만, 국가는 이제 단순 입법자 역할에서 더 나아가 관리자 역할을 하게 되었다.[21] 지금까지는 제한된 사회 틀 안에서, 생산과 사회 틀이 무관하다고 보는 자본주의적 인식 속에서 사회 개발이 이루어졌다면, 국가가 뉴딜이나 계급 역학을 계획하면서 비로소 사회 개발 문제를 본격적으로 다루게 된 것이다. 이같이 국가가 사회관계를 중재하는 역할을 맡는 것이 곧 받아들여지긴 했지만, 저항이 없었던 것은 아니다. 1920년대 초반 이민자를 미국화하려는 움직임이 끝난 후, 자본은 노동자에 대해서 노골적인 억압과 체제전복 빨갱이 사냥(1919년과 1920년에 있었던 적색 공포^{Red Scare})이라는 새로운 태도를 취했다.[22] 1920년대 자본은 노동자를 공장 억압, 사회 교화와 같은 방식으로 대했으며, 이는 전적으

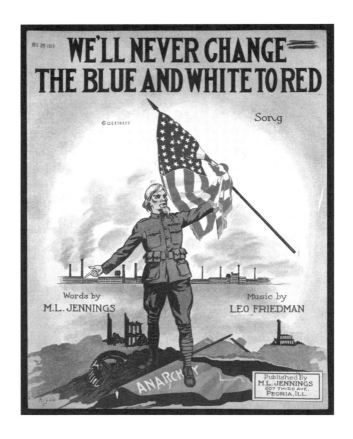

1919년에 발표된 〈우리는 절대로 청색과 백색을 적색으로 바꾸지 않을 것이다〉라는 악보의 표지. 성조기를 든 군인이 빨간색 아나키(ANARCHY) 깃발을 밟고 서 있다.

로 새로운 '노동 윤리' 확립을 노린 것이다.

> 가장 상위에 있는 노동자는 안정적인 직업을 가진 남자다. 그
> 는 산업계의 구성원으로 일하고 있다. 또, 공동체 속에
> 서 살아가는 시민이자, 대개 한 가정의 아버지이다. 그
> 리고 한 개 이상의 조합에 속한 조합원이며, 교회에 다
> 닐 가능성이 매우 높다.[23]

이 시기에 기독교여자청년회 국제협회는 이민 2세대
여성을 대상으로 한 활동에 집중하여 이들을 사회화시
키기 위한 계획을 추진했다. 여성의 임금과 가정 관리가
일관된 토론 주제였는데, 대화 상대와 행동 양식을 바
꿔 이민자의 딸에 주목하였다. 한편으로 이민자 부모와
자녀가 세대 차이 때문에 분열되지 않도록 조치를 취했
고, 다른 한편으로 미국인 딸, 아내, 엄마라는 새로운 인
물상이 큰 갈등 없이 부상할 수 있도록 노력했다. 1924
년 국제협회가 주최한 대회에서 앞으로 집중할 분야를
결정할 때, 협회 대부분은 젊은 이민 2세대 여성 문제
를 택했다. 이 문제를 해결하기 위해 1925년에 이민 2세

대 여성 연구위원회Commission on the Study of the Second Genera-
tion Girl가 만들어졌다. 1928년에 이민 1세대 미국인 위원
회Commission on First Generation Americans로 이름을 바꿨는데,
이렇게 이름을 바꾼 것은 2세대는 과거를 떠올리게 하지
만, 1세대 미국인은 미래를 떠올리게 만들기 때문이라고
설명했다.[24]

사회과학 분야를 살펴보면, 『미국사회학저널』*Ameri-
can Journal of Sociology*에 출간된 이민 관련 인구 연구가
1900~1904년에 1퍼센트였던 반면 1905~1909년 9퍼센트
로 증가했다. 유럽에서 1차 세계대전이 발발하면서, 미국
사회학자들은 이민 제한의 필요성을 집중적으로 논의했
다. 미국 사회학자들은 과학적이라고 주장하는 기준에
근거해서 남부 및 동부 유럽 출신 이민자의 동화 가능성
을 부정했고 즉각 이민을 제한할 것을 요구했다. 미국이
참전하게 된 시점에 특히 그러하였는데, 사회학의 공식적
인 정의를 제시하는 『미국사회학저널』에서 이러한 경향
이 잘 드러난다. 또, 발행부수가 많은 다른 저널과 신문
에서는 사회주의나 급진적 사고에서 영감 받은 글을 환
영했지만 『미국사회학저널』은 그러한 글을 완전히 배제

했다.[25]

가족 이데올로기가 1920년대에 완성되었다는 것은 거의 틀림없는 사실이다. 협동이 필요한 공장 노동은 사회적 지식을 축적하고 이용하며, 잠재적 반란 가능성을 키운 반면, 여성의 다정하고 '사심 없는' 본성과 무보수 노동은 점점 더 많이, 또 교묘하게 공장 노동의 대척점에 놓였다.

1차 세계대전 이전에는 중산층 주부가 가정부와 친척의 도움을 받을 수 있었다. 반면 이후에는 친척과 가정부도 여성을 대상으로 하는 새로운 고용기회로 눈을 돌렸기 때문에, 임금을 받고 가사노동을 하려는 여성을 찾아보기가 점점 더 어려워졌다.[26] 이런 점에서 1차 세계대전은 미국 가족의 이데올로기와 구조에서 중요한 분기점이 되었다.[27] 기본적으로 중산층 주부가 집안의 관리자였던 전쟁 이전에는 가사노동이 진짜 노동이라는 이데올로기를 선전하는 것이 어렵지 않았다. 당시에는 가사노동을 힘든 것으로 인식하지 않았고, 설사 힘들다 하더라도 그 정도가 매우 제한적이라고 생각했다. 하지만 전후에 가정부가 점차 사라지면서 중산층 주부가 가사노동을 직접 관리하게 되었다. 가사노동 관리자와 제공자가 하나가 된 것이다.

1920년대 내내, '집안의 산업혁명'으로 일컬어진 기술 발달도 여성의 노동 부담을 덜어 주지 않았다. 전기 조명, 전기다리미, 가스레인지, 세탁기(아직까지 자동 순환 기능은 없었다)처럼 몇 가지 기술 혁신이 가정에 도입되고 점점 확산된 것은 사실이다. 당시 많은 사람들이 화장실에 열광했는데, 이 역시 전기로 물과 방을 데우는 것이 가능해지면서 나타난 현상이었다. 마찬가지로, 특히 상품 수송 열차에서 전기를 이용하여 냉장을 하게 되자 현저하게 많은 신선 제품이 시장에 들어왔고, 여성이 여름에 과일과 채소를 절이지 않아도 되었다.[28] 시장에는 신세대 주부가 **생애 최초로** 구입법을 익혀야 하는 제품이 점점 더 많아졌다.[29] 한편, 자식을 키우고 남편의 재생산을 돌보는 일상적인 일은 더 다양하고 복잡해졌다. 가사노동에서 사회화 기능이 전보다 더 중요한 자리를 차지했다. 가사노동을 이루는 물질적·비물질적 과제가 더 확대되었을 뿐만 아니라, 각각의 물질적 과제를 따져보고, 계획하고, 측정하고, 조정해야 했다.[30] 여성은 보수를 받

1920년 5월 16일자 『뉴욕트리뷴』에 실린 〈우리 켈비네이터가 샐러드를 얼마나 신선하게 보관했는지 몰라요〉라는 제목의 켈비네이터 냉장고 광고. 하단에 '노동을 덜어주는 전기 기기들'이라는 홍보문구가 있다.

지 않고 이 모든 새로운 업무를 소화해야 했다.

그 결과, 가족 이데올로기는 결정적인 전기를 맞이하였다. 이때부터 가사노동을 사랑으로 하는 노동이라고 강조하며 가사노동을 하지 않는 것을 잘못으로 낙인찍었다.[31] 심지어 여성을 대상으로 한 광고도 이러한 이중적인 태도를 취했다.[32] 완벽하게 청소해서 마지막 한 마리 세균까지 남김없이 죽이는 것은 노동이 아니라 사랑하는 사람을 아끼는 방법이었다. 그렇게 하지 않으면 나쁜 아내, 나쁜 엄마가 되었다.[33]

역설적이게도, 일련의 중요한 기술 혁신이 가정에서 시행되는 동안 사회과학은 가정에서 이뤄진 기술 합리화의 중요성을 이전보다 축소시켰다. 사회과학은 전적으로 여성의 역할, 즉 헌신과 희생 능력을 주요 주제로 삼았다.

여성이 돌봐야 하는 자녀 수는 계속 감소했지만(특히 1920년에서 1940년 사이 급속하게 감소했다), 사회 심리학은 어린이와 청소년에게 새롭게 관심을 기울이라고 지시했다. 어머니는 이전과는 다른 방식으로 자녀 양육 의무를 지게 되었고, 이 새로운 방식을 따르지 못하거

나 스스로 충분히 유능하지 않다고 여기면서 자주 죄책
감을 느꼈다.[34] 미국 행동주의 심리학파를 창시한 존 왓
슨John B. Watson은 1928년에 『유아와 아동의 심리적 돌봄』
*Psychological Care of Infant and Child*을 출간했는데, 이 책에서
왓슨은 어머니가 중대한 일을 하고 있다고 설득하였다.
이 책은 상당한 영향력을 행사했다. 사람들은 부모가 헌
신하는 마음을 새로이 가질 것을 기대했고, 이에 부응해
서 부모를 대상으로, 특히 어머니를 겨냥한 훈련 과정이
마련되었다. 당시 많은 미국 여성에게 헌신적인 노동은
매우 복잡한 문제였는데, 이는 그들이 시골 출신이었기
때문이다. 실제로 당시 시골에서 도시로 대규모 인구 이
동이 일어나면서 도시에 오게 된 여성은 큰 어려움에 직
면했다. 시골 출신이면서 도시에 살게 된 여성은 완전히
다른 환경에서 가정을 돌봐야 했고, 수준 높은 가족생
활을 유지하기 위해 소비를 더욱 많이 해야 했기 때문이
다.[35]

　이들이 최초로 소비나 가족 가치라는 가족의 새로운
기능을 책임진 여성이었다. 사회 전체가 전후 새로운 생
산 양상과 정치 상황에 적응하기 위해서 이러한 새로운

가족 기능이 필요했고, 많은 여성이 새로운 기능을 책임지기 위해 외부 일자리를 선택하였다. 여성이 유급노동을 찾자 유명한 '용돈벌이 노동자'pin-money worker(불필요한 물품을 살 돈을 벌기 위해 일하는 사람) 이론이 바로 뒤이어 등장하여, 가족 부양 소득이 더욱 절박해진 대공황 시기에 반복적으로 등장하는 주제가 되었다.[36]

이제 이 책에서 다루고 있는 시기에 나타난 여성 고용의 특징을 살펴보겠다. 전쟁이 일어나면서 새롭게 고용된 여성의 5퍼센트만이 노동 시장에 최초로 진입한 이들이고, 나머지 95퍼센트는 대부분 이직자였다. 전쟁 말기에는 이와 반대로 신규 고용 여성이 기존 여성 노동력을 대체하는 현상이 빠르게 일어났다. 20세기 첫 10년 동안 현저하게 증가한 여성 고용은 1910년 이후 계속해서 전체 고용의 약 5분의 1을 차지했다. 1930년에 고용 남성은 약 3천8백만 명이었고 고용 여성은 약 1천6십만 명이었다.

1910년 이후 여성 고용에 나타난 가장 중요한 양상은 개별 집단의 비율 변화이다. 화이트칼라 집단에서 여성 고용 비율은 1910년 23.3퍼센트, 1920년 38.5퍼센트,

1930년 44.0퍼센트로 계속 증가했다. 개인 및 가사 서비스 분야에서는 1910년 31.3퍼센트에서 1920년 25.6퍼센트로 감소했다가, 1930년 29.6퍼센트로 다시 증가했다. 노동자 및 반숙련 직공 분야에서는 1910년 45.4퍼센트, 1920년 35.8퍼센트, 1930년 26.5퍼센트로 감소했다. 1910년부터 시작해 대공황 기간을 거치며 여성 고용은 새로운 형태를 띠게 되고, 1940년에 이르러 화이트칼라 집단이 더욱 두드러지게 부상한다.

1910년부터 대공황 기간에 이르기까지 여성 고용에 나타난 또 다른 특이한 양상은 기혼 여성 고용이다. 여성 인구 대비 고용된 기혼 여성 비율은 1900년 5.6퍼센트에서 1910년 10.7퍼센트로 크게 증가했다. 1910년에서 1920년 사이에는 기혼 고용 여성 비율이 그다지 증가하지 않았다. 이 비율은 대공황 전에 약간의 등락을 거듭했고, 1920년 9.0퍼센트로 떨어졌다가 1930년에 11.7퍼센트로 올랐다. 기혼 여성의 고용은 1920년 전까지 주로 비숙련 분야에서 집중적으로 확대된 반면, 1920년 이후로는 화이트칼라 집단에서 1920년 21.5퍼센트, 1930년 32.5퍼센트까지 대폭 확대되었다.[37]

어머니 연금을 받는 가정의 어머니와 아이들이 꽃을 만드는 노동을 함께하고
있다. (1915년)

여성 고용과 관련하여 몇 가지 세부적인 내용을 더 살펴보겠다. 산업이 현저하게 확장된 1910년대 여성 노동자와 비교했을 때, 1920년대 여성 노동자는 일자리 및 과거에 이룬 정치적 승리를 지키기 위해서 방어적인 투쟁으로 후퇴해야 했다.[38] 먼저 1910년에서 1920년 사이에 여성 노동자는 공격적인 투쟁을 벌여 전통적으로 진보적인 주(뉴욕, 매사추세츠)와 남부에서 주목할 만한 성공을 거뒀다. 같은 기간 동안 연방정부와 주정부도 아동과 여성의 노동시간, 특히 야간 노동과 관련하여 일련의 조사를 벌였다. 반면 1920년대에는 소수의 여성만이 안정적으로 노동 시장에 진입하였고, 자본주의적 구조 조정이 여성 고용 확대를 억제하였으며, 국가의 초점은 가족을 강화하는 쪽으로 기울고 있었다.

국가는 가정에서 여성의 역할 및 모성을 강화시키는 데 큰 관심을 가지고 있었다. 이러한 관심의 일환으로 남성이 벌어오는 임금을 기대할 수 없는 여성에게 재정을 지원하였고, 개별 주州도 어머니 연금mothers' pension 입법에 노력을 기울였다. 어머니 연금 입법은 1910년에 시작되어 1930년 무렵 4개 주를 제외한 전체 주로 확대되었다.

어머니 연금의 본래 목적은 '연금을 받을 자격이 되는 홀어머니'의 자녀를 보장하는 것이었지만, 남편에게 버림받았거나 이혼 당한 여성, 교도소에 있거나 정신병으로 입원했거나 영구적으로 장애를 입은 남편을 둔 여성의 자녀로 확대 적용되었다. 또 여성 단체와 청소년 범죄를 다루는 법원은 제소된 사건 중에서 홀어머니를 둔 자녀 비율이 높은 점에 주목하여, 어머니 연금법 운동을 지지하였다. 비록 어머니 연금은 보험 기준보다는 '도덕적, 경제적 고려사항'에 따라 지급되었지만, 이 법안은 "미국에서 사회 보험 원칙이 진전되는 것을 막을 수 없음"을 가장 잘 증명하는 현상이었다.[39] 당시 빈곤은 자발적인 자선에 맡겨둘 수 없을 정도로 광범위하게 확산되었으므로, 가난을 정의하는 일이 과제가 되었다.

개혁가들은 '정의'와 '민주주의' 정신으로 활기에 차 있었고, 이러한 분위기에서 사람들은 빈곤을 민간 자선이 아니라 개별 주(州)와 연방정부가 시급히 책임져야 한다고 생각했다. 많은 이들이 '환경'의 영향으로 가난이 생겨난다고 인식하였고, 빈곤 문제를 해결하기 위해서는 자원봉사 기관이 아니라 국가 행정기관이 보유하고 있는 지역 사회의 재정적, 조직적, 지성적 잠재력을 동원해야 한다고 생각했다. 어머니 연금과 함께 공공복지위원회 Board of Public Welfare, BPW가 탄생했는데, 공공복지위원회 는 자원봉사 기관이 표명하는 박애주의 관행에 대한 믿음을 약화시켰고, 정부 복지 기능을 도시 산업적 맥락에 서 다시 정의하기 위해 노력했다.[40] 어머니 연금에 관한 논쟁은 (1) 개별적으로 원조를 제공하는 것과 (2) 가정생활을 우선시하는 것, 이 두 가지 원칙을 중심으로 일어 났다. 자녀를 양육할 때 가정생활을 우선시하는 것이 질 적으로나 경제적으로 이득이라고 여겼다.

1909년 부양자녀 돌봄에 관한 회의Conference on the Care of Dependent Children에서 이 분야 복지 정책의 초석이 될 원칙이 만들어졌다. 그 원칙은 "가정생활은 문명이 낳은 가장 상위의, 가장 훌륭한 산물이다. 아이들은 긴급하고 부득이한 경우를 제외하고 가정생활을 박탈당해서는 안 된다"는 것이다.[41] 시어도어 루즈벨트Theodore Roosevelt 대통령도 "가난이 가정을 파괴해서는 안 된다"는 데 동의했다.[42] 그래서 부양자녀 돌봄에 관한 회의에서 친어머니와 자녀가 함께 살 수 없는 경우에 가능한 한 가장 유

FINAL SESSION AND BANQUET OF THE CONFERENCE ON THE CARE OF DEPENDENT CHILDREN, CALLED BY PRESIDENT ROOSEVELT
Held in the Grand Banquet Hall of the Willard Hotel, Washington, D. C., on Tuesday Evening, January 26, 1909

워싱턴 윌라드 호텔에서 열린 부양자녀 돌봄에 관한 회의 (1909년)

사한 관계 속에 머물 수 있도록 하는 일련의 지침이 만들어졌다. 예를 들어, 실현 가능한 경우 언제든지 입양을 제안했고, 공공 기관의 도움이 필요할 때는 '코티지 시설'cottage unit을 짓도록 권장, 보조자 1명당 아이 수가 25명이 넘지 않아 개별적인 보살핌이 가능하도록 하였다.

다시 말하지만, 가족은 여전히 핵심적인 사회 제도였다. 그런데 산업화 및 도시 환경과 결부된 새로운 삶의 조건 하에서 가족이 개인의 요구를 충족시킬 수 없을 때도 종종 있었다. 정치 지배층이 이러한 새로운 생활환경을 인식하기 시작했고, 국가는 가족 소득 통합을 지향하는 계획을 점점 더 많이 실행했다. 이 같은 맥락에서 어머니 연금 입법은 1921년 연방모성법Federal Maternity Law 제정으로 연결되는 매우 중요한 과정이다. 보크와 두덴은 연방모성법 제정이 1920년 여성 참정권 획득만큼이나 중요하다고 말한다.[43]

이 장에서 다루고 있는 시기는 물질적 재생산뿐만 아니라 훈육과 사회화를 포함하는 심리적 재생산 측면에서도 대량 생산이 이루어진 시대였다. 이러한 시대에 새로운 노동력 생산은 가족과 노동 시장 간의 특수한 관계를 필요로 했으므로, 국가는 노동 시장도 규제하고 가족도 강화시켜야 했다. 국가는 이전과 달리 어머니, 가족, 아동기, 교육기관에 대하여 관심을 가지고 움직였는데, 이는 사회 원조 분야에서 국가가 '부차적으로' 개입하던 자세를 탈피하여 계획적으로 개입하게 될 것임을 보여주는 징후였다. 국가가 변화된 관계 속에서 상품 생산 및 노동력 생산과 재생산을 재구성하고 재수립하는 설계자 역할을 수행할 때에만, 새로운 복지 국가의 윤곽이 그려질 수 있었다. 즉, 복지 국가의 윤곽을 그리는 것은 가족이 갖는 중심적인 위치와 무엇보다 가족 내 여성, 노동 시장, 국가 사이의 관계를 새롭게 정의하는 일이었다.

2장

1929년 대공황과 가족 붕괴

대공황

　대공황 직전의 경제 구조를 논하기에 앞서, 1929년에 나타난 몇 가지 상황부터 명확하게 밝히고자 한다. 마우로 고비니Mauro Gobbini가 지적하듯이, 대공황은 "과잉 생산이 아닌 생산의 위기였다. 공장의 대량 생산 체제는 보편적으로 확대된 반면, 임대소득자나 주식 투기꾼에게 유리한 소득 분배 방식 때문에 소비는 위축되어 있다." 그는 계속해서 다음과 같이 말한다.

　　공장의 대량 생산 체제는 다른 생산 및 조직구조에도 영향을 미쳤다. 그 결과 세계 시장이 새로운 상황을 맞았고, 산업 생산이 최종 승리했으며, 노동 분업 현상이 전 세계로 확대되었다. 하지만 경제 활동을 좌우하는 지침은 여전히 이를 반영하지 못하고 있다.[1]

　1932년에 이미 미국 내 실업자가 1천3백만 명으로 추산되었고, 1933년에는 1천5백만 명으로 증가했다.[2] 우선 실업 문제의 심각성을 명확히 하자면, 실업은

'광범위한 문제'로 여겨졌는데, 실업의 규모 때문이 아니라 공장 체제가 지닌 모순 때문이었다. 공장 체제의 발전에는 위험 요소가 있었다. 공장 체제는 전문성에 따라 노동을 계층화하여 숙련노동과 비숙련노동을 구별하는 것이 아니라 생산 기반의 팽창으로 유지되었는데, 이러한 생산 기반의 확장이 일정한 수준의 이윤으로 이어지지 않았던 것이다.[3]

포드사가 1926년에 밝힌 바에 따르면, 포드 공장에서 처리되는 서로 다른 업무 7,782개 중 43퍼센트가 단 하루만 훈련 받으면 할 수 있는 일이었다. 36퍼센트가 하루에서 1주일, 6퍼센트가 1주일에서 3주일의 훈련이 필요했다. 단지 15퍼센트만이 더 긴 훈련 기간을 필요로 했다. 이러한 수치를 근거로, 포드 노동자의 85퍼센트가 2주일 안에 업무 능력을 최대한으로 끌어올릴 수 있다고 추정하였다.[4]

1922년 대략 6백억 달러였던 국민 소득은 1929년 8백 7십억 달러로 늘어났고, 1929년 봄 끝 무렵에서 초여름 즈음에는 산업 생산 지수가 126으로 최고치를 경신

'싱글실업여성연합' '우리는 직장을 원한다!' '싱글 실업 여성을 위한 공공사업 일자리!' '우리는 잊혀진 여성들입니까?' 등의 피켓을 들고 뉴욕의 거리 행진을 하는 실업자 여성들 (1933년)

했다.[5] 생산성은 43.7퍼센트 늘어난 반면, 노동력 단위당 상대 비용은 줄었다. 같은 기간 동안 거대 기업 노동자의 대량mass 임금은 30퍼센트 증가한 반면, 대규모 기업 관련 수익은 76퍼센트나 치솟았다. 동시에, 소득이 체제를 성장시키는 데에만 집중되는 위험하고 비합리적인 상황이 나타났다. "1929년, 인구의 2.3퍼센트는 소득이 1만 달러를 넘어섰는데, 총 예금액 150억 달러 중 3분의 2를 이들이 가지고 있었다."[6] 거대 기업의 몇몇 부문은 포드처럼 가족을 충분히 부양할 수 있을 만큼 높은 임금을 제공하였으나, 나머지 인구는 생활수준이 매우 낮았다. 대공황이 일어나기 직전, 인구의 59퍼센트는 수입이 여전히 연 2천 달러에도 미치지 못했다.

농업 부문은 전쟁 중 높은 수요와 수지가 맞는 가격 덕택에 성장했지만, 전쟁 직후 가격이 계속 하락하고 수요마저 줄어드는 상황에 시달려야 했다. 1919년 177억 달러였던 농업총소득은 1921년 105억 달러로 떨어졌다. 같은 기간 동안 농산물 가격지수는 215에서 124로 하락했다. 전국 땅값도 마찬가지로 가파르게 떨어졌고, 세금과 부채 부담은 커졌다. 1916년과 1923년을 비교하면 에이커당 이자 비용은 두 배 이상 늘었다.7 국민 소득 중 농업 소득이 차지하는 비율이 1919년 22.9퍼센트에서 1929년 12.7퍼센트로 감소했다. 농부 수백만 명이 시골을 등지고 도시로 떠났다. 최저 생활 임금으로도 농산물을 구입할 수 있다는 사실 때문에 농산물 수요에는 변동이 없었고, 임금 수준을 올릴 필요도 없었다. 이민자가 대량으로 유입되던 시기가 끝나면서 인구 증가는 정체되었고 전후 유럽에서 독자적으로 농업이 발전하면서 미국 농산물에 대한 수요도 감소하였다.

심지어 광산업이나 섬유업처럼 전통적으로 강세를 보였던 부문마저 이 기간에 엄청난 어려움을 겪었다. 남녀 구분 없이 노동자들은 이미 여러 차례 임금 삭감을 당했다. 1930년에 광산노동조합United Mine Workers은 위태로운 상황에 처해 있었다. 석탄 산업은 무질서한 경쟁 속에서 악전고투하고 있었고, 동시에 '광산과 광부는 넘쳐났다.' 고용주가 조직을 만들려는 시도는 실패로 돌아갔고, "노동자연맹은 몇몇 중요한 산업 부문을 뚫고 들어갈 수 없었을 뿐만 아니라, 한때 조직을 구성하고 있던 산업 부문에서도 지배력이 점차 약화되었다."8

1924년 3월, 광산노동조합과 북부에 있는 광산 소유주들은 "전쟁 중에 유지되었던 상대적으로 높은 임금을 계속 지급한다는 협정에 서명했다. 하지만 노동조합이 없는 웨스트버지니아주 광산에 기계화가 도입되고 남부에서 광산들이 새롭게 개발되면서 저임금 노동 착취가 가능해지자, 1924년 협정에 서명했던 광산 소유주들은 높은 임금을 지급해야 하는 상황을 더 이상 지속하고 싶지 않았다. 그 결과 임금이 전반적으로 삭감되었고, 노동자연맹 회원 수는 꾸준히 감소하여 6십만 명에서 15만 명으로 줄어들었다."[9]

1920년대 섬유 부문에 고용된 성인과 미성년자 모두 근로 시간 및 임금 제한, 해고 및 그에 따른 회사 주거지로부터의 퇴거 등 매일 고역을 겪었다. 이들 제조업 노동계급이 대공황으로 가장 혹독한 타격을 입었다. 우선 그들이 노동시간과 임금 문제에 관해 강력한 협상력을 가지지 못했기 때문이다. 또한 당시는 근로 시간, 임금, 해고 등의 쟁점을 두고 주州별로 전투가 벌어지던 시기였는데, 법원은 심지어 노동자에게 우호적인 결정이 나온 몇 안 되는 주에서조차 노동계급에 긍정적인 결과가 돌아

하루 8시간 노동을 주장하는 여성노동조합연맹 뉴욕 지부 회원들 (1910년경)

가는 것을 번번이 거부하였다.[10]

세계산업노동자연맹이 섬유 부문에서 투쟁을 이끌기도 했는데(1912년 매사추세츠주 로렌스에서처럼), 이제 그 정치적 전통은 종말을 고했다. 1919년에 시작된 철강 대파업도 이 시기에 끝이 났다.[11] 철강대파업에서 세계산업노동자연맹이 패배한 이후, 합리화가 더 진행된 산업 부문에서는 사회적 화합 분위기가 꽤 조성되었다.

1920년대를 이끈 분야는 철강, 자동차, 전기 설비, 정유, 화학제품이었다. 이 분야는 북부에서 발달했고 임금도 높았다. 이와는 대조적으로, 남부(철이 생산되었던 앨라배마주 버밍햄과 몽고메리는 예외)에는 계속해서 농업이 우세했고, 자본화 정도 및 임금 수준이 낮은 섬유 공장이나 가구 공장도 많았다.

상황이 열악했던 분야에서 다시 투쟁이 벌어져 작업 리듬 심화, 근로 환경 악화, 임금 삭감 시도에 저항하였다.[12] 한 예로, 여성노동조합연맹Women's Trade Union League, WTUL은 의류 산업 노동자를 지원하였고 세탁업, 호텔, 미용실에서 일하는 가정부와 여성 노동자가 무제한 근무와 쥐꼬리만 한 임금에서 벗어날 수 있도록 도왔다.[13]

그러나 노동조합이 지속적으로 지원해 주지 않았기 때문에 여성노동조합연맹이 할 수 있는 일은 많지 않았다. 반면, 사업주는 노동계급에서 권력의 균열이 드러나고 사법부가 오만을 부려준 덕분에 계속 건재했다. 사법부는 근로 시간 제한과 최저임금 확립을 요구하는 목소리를 억압했고, 이러한 요구를 공산주의나 사회주의 주장이라며 묵살했다.[14] 여성노동조합연맹이 실시한 특별조사에 의하면, 집에서 하는 삯일은 아무런 규제도 받지 않았다. 이 일은 상당히 널리 퍼져 있었고 당시 고용 흐름을 따랐다.[15] 다시 말해, 공업이 발전하던 시기에 확대되었고 불황기에 감소했다. 주로 의류, 자수, 조화, 뜨개질, 식품, 담배, 장난감, 장신구 제조 분야가 여기에 속했다.[16] 성인 여성 외에 미성년자를 고용하기도 해서 심지어네 살짜리 아이가 일하는 경우도 있었다. 이는 모두 아동 노동 법규를 위반한 것이다.[17]

여성노동조합연맹은 거의 항상 소비자연맹Consumer's League과 기독교여자청년회의 도움을 받아 활동했는데, 대공황 이전에는 취약 분야에서 일하는 여성을 거의 돕지 못했다. 당시 그 여성들의 고용 여부나 노동시간, 임

금, 안전, 근무 여건 등을 상사가 전적으로 자기 마음대로 결정하였기 때문이다.[18]

철저하게 기업가의 의지를 반영한 사법 기구는 이러한 취약 부문에 관한 규제에 맹렬히 반대했다. 이 같은 사법 기구의 태도는 국가가 여성 고용 문제를 대하는 태도를 직접적으로 보여 주는 것이다. 국가는 여성 문제를 단지 무시해 버리거나, 아예 여성이 집 밖에서 고용되지 않기를 바란다고 말했다. 1922년 노동부 장관 제임스 데이비스James L. Davis는 "여성은 더 고상한 삶의 영역에서 더 숭고한 의무를 책임지고 있다. 이브는 아담의 동반자이자 배우자로서 모든 면에서 아담과 평등하지만, 미래를 위해 이브를 보호하고 부양하는 일은 아담의 몫이다. 개인적으로 나는 여성이 가정에서 국가의 운명을 이끌었으면 좋겠다"고 말했다.[19]

동시에, 국가는 대공황이 불러온 사회 붕괴 문제에 대처할 준비가 전혀 되어 있지 않았다. 먼저 국가는 폭발 직전인 사회 붕괴 현상의 본질을 이해하고, 그다음에 사회 붕괴와 함께 발생할 사안을 파악해야 했다. 가장 앞서고 합리화된 자본 영역에서 만들어진 가족을 기반으로 국가는 강력한 조직과 사회 질서를 세웠다. 하지만 대공황이 발생하여 소득이 대폭 줄자, 가족의 기반이 약화되고 사회 질서는 붕괴되었다. 이번에는 국가가 직접 행동에 나서서 무너진 사회 질서를 다시 세워야 했다. 그러나 1917년 이후 '공산주의 괴물'에 대한 공포가 빠르게 확산되어 자본주의 의식 속에 매우 단단히 자리 잡았기 때문에, '맹목적 개인주의' 신화를 넘어서서 사고하기가 어려웠다.[20] 후버 역시 대공황이 발생하자 문제를 축소시키는 데 급급했고, '일자리를 확산하자'고 촉구했으며 (반면 일자리 확산을 실현시킬 적절한 지원책은 내놓지 않았다), 1930년 의회에 제출된 몇몇 공공사업 프로젝트 같은 긴급 조치에는 반대했고,[21] 시위대를 향해 직접 발포하기까지 했다.

거리에 늘어선 실업자 행렬은 눈에 띄게 불어났다. 1929년 10월에 42만 9천 명이었던 실업자는 1930년 1월, 4백6만 5천 명, 1931년 1월, 8백만 명, 1931년 10월, 9백만 명으로 증가했다.[22] 하지만 후버는 여전히 이 수치가 대규모 조치를 시행할 만큼 대단한 규모는 아니라고 생각했다. 1929년부터 1932년까지 대공황의 압박이 계속되는 가운데, 산업 생산이 50퍼센트나 급감하고 은행 약 6천 개가 파산했다. 산업 임금이 대략 45퍼센트 떨어지는 동안, 농가 소득은 거의 50퍼센트 감소했다. 임금 노동자와 농업 노동자뿐만 아니라 많은 쁘띠 부르주아 역시 파산 상태에 내몰렸다.[23] 가격을 유지하기 위해 시골에서는 농작물을 대량으로 파괴했고, 산업 생산 능력은 대폭 줄었다.[24] 실업자와 실업자 가족은 매일 배고픔과 싸웠고, 만성 질병에 시달렸으며, 쓰레기를 뒤져 먹을 것을 찾았고, 집에서 쫓겨났으며, 계절 일거리를 찾아서 무일푼으로 여러 주를 떠돌았다.[25] 실업이 발생하면서 가족과 사회가 대규모로 붕괴하기 시작했지만, 후버는 여전히 이를 알아차리지 못했고 당연히 대처도 하지 않았다. 한때 남성의 임금으로 유지되던 가정과 가족은 대공황의 압박에 허물어졌다.

대공황 시기와 관련하여 몇 가지 더 살펴보겠다. 우선, 가장 큰 규모로 영향을 받은 가족은 백인 가족이었다. 흑인은 1920년대 경기 침체 속에서 차별과 해고 위협에 맞서 저항하고 싸웠지만, 전체 산업에서 차지하는 비율을 보면 여전히 소수에 불과했다. 실직 비율로 따지면

1933년 3월 4일 프랭클린 루즈벨트 미국 대통령의 취임식 행사를 위해 국회의
사당으로 이동 중인 허버트 후버와 프랭클린 루즈벨트

흑인이 가장 심하게 차별을 당했으나[26] 국가와 자본은 백인 가족을 재건하기 위해 안간힘을 썼다. 흑인 가족(더 정확히 말하면, 흑인 공동체)이 아니라 백인 가족이 노동 계급의 생산을 대규모로 지탱하고 사회의 질서나 무질서를 대변하는 역할을 맡았기 때문이다.

흑인은 원조 및 일자리 계획에서도 심하게 차별받았다. 흑인은 산업에 속하지 않는 열외 존재로, 자본은 흑인 노동자를 노동 시장에서 신경 쓸 필요 없는 최약체로 생각했다. 한편 북부로 향하는 집단 이주도 아직 시작되지 않았는데, 이는 1940년대와 1950년대에 와서야 흔하게 일어났다.[27] 당시는 흑인 공동체가 1960년대만큼 세력이 커지기 전이기도 했다. 루즈벨트가 복지 계획을 세워서 기초 수준의 노동력 재생산을 보장해야 한다는 의견을 제시했을 때도, 흑인을 대하는 태도를 보면 국가와 자본이 여전히 흑인 노동력에 전혀 관심이 없었음을 알 수 있다.

여성도 물론 노동 계획의 고려대상이 아니었다. 여성은 거리나 임시직을 떠나 가사노동으로 돌아가야 하는 존재였기 때문에, 정식으로 고용된 것이 아니면 쉽게 차별을 당했다. 뉴딜 관련 법에 여성의 최저임금이나 근로 시간이 언급된 부분이 몇 단락 있긴 하지만 달라진 것은 별로 없었다.

가족 붕괴

1930년대에 '가족 붕괴'나 '범죄 및 원인'을 다룬 글이 쏟아졌는데, 이 글들은 당시 가족 붕괴가 심각했음을 보여 주는 지표인 동시에 문제 상황에 관한 정보를 얻을 수 있는 유용한 자료이다.[28] 지금까지도 "병리적 원인" 때문에 비행이 발생한다는 체사레 롬브로소Cesare Lombroso로 대표되는 주장을 인용하여 범죄 발생을 설명하는 사람들이 있긴 하지만, 가족 붕괴나 범죄를 다루는 문헌은 대체로 "사회적 원인"에 초점을 맞추며 부모 중 어느 한쪽만 있는 "한부모 가정"이 범죄 발생의 주요 원인이라고 한목소리로 밝히고 있다.[29]

한부모 가정이든 아니든 간에, 거처할 곳이 없는 가구가 수백만에 달했다. 이 때문에 보호소 공간은 과도하게 밀집되어 사생활의 자유가 없었고, 이는 범죄 원인으로 자주 지목되었다.[30] 집세를 지불할 능력이 없는 사람은 빈 땅이면 어디든 판잣집을 짓기 시작했다.

타르지와 깡통, 오래된 포장 상자와 낡은 차체로 만들어진 마을이 철둑을 따라, 쓰레기 소각로 옆에, 도시의 쓰레기 폐기장 내부에 생겨났다. 어떤 판잣집은 깔끔하게 청소된 상태였다. 적어도 청결 유지에는 돈이 들지 않았다. 하지만 다른 판잣집들은 믿을 수 없을 정도로 지저분했고, 부패와 단념의 기운을 풍겼다. 이러한 공동체는 새로운 시대New Era[31]의 상징이었지만, 곧 후버빌 Hooverville이라는 냉소적인 이름으로 불리게 되었다.[32]

그나마도 운이 좋아야 후버빌에 피난처를 구할 수 있었다. 가족들은 뿔뿔이 흩어졌다. 아직 부양 능력이 있는 친구나 친척에게 자녀를 맡겼고, 남편과 아내는 각자 자기 살길을 찾아 잠깐 또는 영원히 헤어졌다. 남녀노소 가릴 것 없이 노숙자 신세가 되어 끝도 없이 긴 배식 줄을 기다리고, 바닥에서 자며, 일자리를 찾을 수 있으리라는

오하이오주의 '후버빌'에 살고 있는 주민. 1931년에 농장을 잃고 산(酸)을 제조하는 공장에서 일을 하다 얼굴에 산을 맞았다. 코 부위를 맞아 얼굴이 녹아내렸고 그때 눈이 멀었다고 한다. (1938년)

희망을 품은 채 이 도시 저 도시를 떠돌았다.[33]

1932년에 부랑자가 1백5십만에서 2백만 명에 달했는데, 2십만 명에서 3십만 명은 젊은 남자, 20명 중 한 명은 여자로 추산된다.[34] 어린 형제자매가 충분히 먹을 수 있도록 더 나이 많은 아이들이 집을 떠나는 경우도 흔했다. 대공황의 압박으로 이주하는 여성 역시 늘었다. 1933년 여성국Women's Bureau은 여성 부랑자가 전국에 만 명쯤 있는 것으로 추산했는데, 이 수치는 실제 여성 부랑자의 6분의 1에 해당되었지만 어찌 됐든 전년도에 비해 90퍼센트나 증가한 것이다.[35] 여성국이 언급한 여성은 대개 서른 살 미만으로 학위가 있으나 실직 상태인 경우가 많았다.

결혼한 여성은 가능하면 남편, 자녀와 함께 있으려고 했다. 워싱턴에 자리한 재향군인 캠프에서 남성 수천 명이 아내와 자녀들과 함께 있었다. 캠프 사정상 질 나쁜 음식만 제공되고, 어디에나 파리가 들끓고, 질병은 점점 증가하며, "찌는 태양 아래 질퍽질퍽한 땅" 곳곳에 쓰레기, 땀, 소변 냄새가 진동했지만 아무도 떠나지 않았다.[36]

대공황으로 도처에서 가족이 해체되었고, 새로운 가족 형성 및 출산은 위축되었다. 혼인 감소는 인구 1천 명당 혼인율이 하락한 것에서 확인되는데, 1929년 10.1건, 1930년 9.2건, 1931년 8.6건, 1932년 7.9건으로 점점 감소했다.[37] 1920년대 말에 천 명당 연평균 20명이던 출산율은 1930년 18.9명, 1931년 18명, 1932년 17.4명, 1933년 16.6명으로 떨어졌다. 1931년 전체 출산율은 1921년보다 17퍼센트, 1926년보다 10퍼센트 낮았다.[38] 번스타인 Irving Bernstein에 따르면, 당시 태어난 아기들은 "대공황 세대"Depression generation에 속했는데 상대적으로 연약한 신체 조건을 가지고 있어 노동 시장에 진입할 수 없을 터였다.[39] 1931년 학교에서 실시한 설문 조사에서 85퍼센트에서 90퍼센트, 심지어 99퍼센트의 아이들이 정상 체중에 미치지 못했으며, 그 때문에 "나른하고 무기력하다"는 결과가 나왔다.[40]

후버는 발육 부전 아동이 최소 1천만 명이라는 견해를 믿었지만, 노동부 산하 아동국 Children's Bureau은 1932년에 먹을 것을 구하러 전국을 배회하는 소년이 2십만 명이라고 추정했다.[41] 1929년에 사생아 출산이 천 명당 31명이었는데, 예년과 비교해서 훨씬 높은 수치였다.[42] 버림받은 사람들('가난하며 이혼한 사람들')도 늘었다. 한편, 법적인 이혼은 감소했는데, 비용이 너무 많이 들었기 때문이다.[43] 자살하는 사람이 증가했고, 아사로 최후를 맞는 사람도 많았다. 1931년에 뉴욕에 위치한 여러 병원에서 실시한 연구가 유명한데, 보고서에 기록된 약 100건의 아사로는 이 현상의 막대한 규모를 보여줄 수 없다.[44] 결핵, 매독, 독감과 같은 전염병도 꾸준히 늘어 결핵 요양소 환자 수가 거의 2배로 증가했다. 미국 공중위생국U.S. Public Health Service이 진행한 연구에서 실업자 가족은 고용 노동자 가족보다 질병에 걸리는 횟수가 66퍼센트 더 높은 것으로 나타났다.[45]

가족을 두고 홀로 떠난 남녀에게 바키E. Wight Bakke는 "우리 사회에서는 개인이 아니라 가족이 경제 주체다"라고 응수한다.[46] 실직한 가장이 가정을 떠나지 않고 아이들과 남는다 하더라도 '아버지를 폄하하는' 분위기는 불가피한 현상이었다. 바키는, "가장의 몫은······ 남아서 경제적 역할을 하는 것이며······ 경제적 역할 없이는 자존감을 가지기 어려운데······ 이는 경제적 책임을 가족에게 맡기는 문화 때문이다"라고 쓰고 있다.[47] 번스타인도 어떻게 "설거지와 침대 정리를 하는 아버지가 아내와 자녀

가 보기에 아버지의 위상을 상실하였는지" 진술한다.[48]

대공황의 영향으로 사람들은 자녀 교육을 중단했고, 가족이 쓸 얼마간의 수입이라도 마련하기 위해 많은 어머니들이 매춘을 할 수밖에 없었다.[49] 한부모 가정이 사회 무질서나 범죄의 직접적인 원인으로 지목되었지만, 가족이 '온전할' 때, 다시 말해 양 부모가 모두 있을 때도, 부모는 돈을 벌기 위해 수단과 방법을 가리지 않았다. 심지어 어린 자녀에게 도둑질을 강요하기도 했다.[50]

1933년 15차 미국인구총조사 및 다양한 법원 통계와 함께 출간된 사회 동향에 관한 대통령 조사 위원회 보고서는 흥미로운 수치를 제공하여 특수한 사회적 맥락을 포착할 수 있게 한다.[51] 보고서에서는 한부모 가정뿐 아니라 학교에 다니는 아이들의 불만 역시 범죄 행위(특히 청소년 범죄)의 한 원인으로 지목되었다. 그러나 무기력함은 먹을 것, 신을 것도 없이 힘든 문제를 짊어져야 하는 현실, 아르바이트, 거리 생활이 초래한 결과이기도 했다. 청소년 범죄자의 40퍼센트에서 70퍼센트가 한부모 가정에서 자란 것으로 밝혀졌다.[52]

청소년 법원에서 나온 통계를 주의 깊게 살펴보면, 남

녀 행동의 흥미로운 차이와 각각에 대응하는 사법부의 태도를 엿볼 수 있다. 1930년 88개 법원에서 실시한 표본 조사를 참조하면, 남성 청소년이 기소되는 사유는 포괄적인 난폭 행동을 제외하면 물건 절도, 강도, 장물취득이 가장 많았다.[53] 독립된 범주로서 차량 절도 역시 평균적으로 대단히 자주 등장했다. 그러나 여성 청소년은 '통제 불가능'이라는 포괄적 상태나 성범죄 가담이라는 범죄 사실 때문에 법정에 서게 되는 경우가 가장 많았다. 중요도 순으로 따졌을 때, 가출과 수업을 빼먹는 것이 뒤를 이었고, 강도, 차량 절도, 무장 강도는 거의 없었다. 같은 '성범죄'라도 남성 청소년과 성인 남성은 처벌을 받지 않았지만, 여성 청소년과 성인 여성은 체포, 수감되었다.[54] 더욱이, 범죄학과 사회학은 당시 사회 붕괴의 근원에 관해 유사한 연구를 진행하면서 한부모 가정에 '부도덕한 어머니'가 있을 때 가장 심각한 악영향을 초래한다는 데 전적으로 동의했다.[55]

대공황이라는 위기 상황이 흑인 가족에게 미친 영향도 더욱 명확히 밝혀야 한다.

앞서 언급한 것처럼, 대공황이 닥쳤을 때 흑인은 전체

산업 고용 노동자 중 비교적 낮은 비율을 차지하고 있었다. 흑인은 백인이 하지 않는 가장 힘든 업무를 하면서도 1920년대 내내 저항적인 입장을 결코 포기하지 않았다. 1920년대 말, 남부 농업 분야에서 일하지 않는 흑인은 도시 빈민가에 살고 있었다. 여기서는 남성의 높은 임금에 의존하는 가족 구조에서 재생산이 이뤄지는 방식이 아니라, 대부분 '불법' 활동을 통해서 스스로를 책임져야 하는 식이었다. 남성이 여성을 부양하는 것보다 여성이 남성을 부양하는 경우가 더 많았다.

남성 임금에 의존하지 않는 독특한 역사를 가진 흑인 여성의 잠재력은 특히 1960년대에 표출된다. 흑인 남성보다는 흑인 여성이 임금 일자리를 얻을 가능성이 더 컸다. 실제로 많은 흑인 여성과 이민 여성이 식당 종업원, 가정부, 세탁부, 저임금 노동자로 일했다.

프레지어E. Franklin Frazier가 제시한 정보를 살펴보면서 도시 빈민가에 형성된 흑인 공동체에 대해 알아보자.

앞서 말한 몇 가지 남녀 유형은 남부에서 온 순진한 흑인 농부의 배경에서 보자면 낯선 것이다. 그들은 대개 이주민의 자녀로, 북부 도시 빈민가에서 자라서 남부에서 온 이주민보다 더 노련했다. 남부에서 온 대다수 떠돌이 남성은 남을 등쳐서 큰 수입을 얻을 '기회'는 절대 가질 수 없을 터였다. 그래서 남부에서 온 흑인 대다수는 흑인 공동체에서 떠돌이 구두닦이 신세로 전락하여, 인도에 앉아 반값에 구두를 닦아준다며 호객행위를 하였다. 이렇게 번 수입으로 보통 흑인 빈민가에 셋방을 간신히 구했고, 남은 돈으로 하룻밤 같이 보낸 여성에게 돈을 주었다. 아니면 가난하고 외로운 여성을 만나 함께 살다 둘 중 하나가 떠나거나, 폭력으로 관계가 끝나곤 했다.[56]

이러한 자료를 보면 빈민가 흑인 공동체의 특수한 사회적 배경을 알 수 있다. 여기에 남성의 수입으로 유지되는 가족 구조는 없고, 남녀는 극도로 불안정한 동거 생활을 하면서 생존을 위해 각자가 할 수 있는 일을 한다. 이 구조에서 여성은 가난 때문에 남성에게 지나치게 의지하지 않았고, 무료 가사노동을 무제한 연장하지도 않았거니와, 성적인 통제도 받지 않았다.

뉴욕 할렘에서 열린 만국흑인진보연합(Universal Negro Improvement Association, UNIA)의 퍼레이드. 이런 퍼레이드들은 활기가 넘쳤고 할렘의 운동, 색채, 유쾌한 분위기에 큰 기여를 했다. (1920년)

1920년대 도시 빈민가 내 흑인 공동체는 백인 공동체와 매우 달랐다. 흑인 공동체는 공동체의 물리적, 정치적 재생산을 위해서 독특하게 협력하는 모습을 보였다. 라윅George Rawick은 다음과 같이 쓰고 있다.

> 노예제에서 생겨난 친족 구조에서는 대가족이 보편적인 가족 단위여서 생물학적 부모가 부재하여도 아이는 보살핌을 받을 수 있었다. 이 친족 구조는 이후에도 계속 작동하여, 흑인 빈민가 아이들은 생물학적 부모와 살지 않아도 어른의 보살핌을 받을 수 있었다. 할머니, 이모, 삼촌, 이웃이 기꺼이 나서서 아이들을 키워줬기 때문이다.[57]

이러한 협력의 연장선상에서 마커스 가비Marcus Garvey는 만국흑인진보연합을 만들어 도시에 사는 흑인 수백만 명을 모집했다. 만국흑인진보연합은 프리덤 홀이라는 장소를 제공하여 흑인이 안정적으로 정착할 때까지 아주 적은 집세를 내고 살 수 있도록 도와줬을 뿐만 아니라, 구직하는 데 필요한 자원과 정보도 제공했다. 만국흑인진보연합은 무엇보다 흑인이 정체성을 확보하고 정치적으로 단결하는 공간이었다. 흑인 민족주의자들은 실질적인 자치권을 제안했고, 흑인을 단결시켜 최초의 흑인 대중 운동을 가능하게 만들었다.

1929년 대공황 사태가 터지자, 흑인의 일자리는 더욱 불확실해졌다. 1931년 실업인구조사Unemployment Census에서 도시에 사는 흑인 실업자가 백인 실업자보다 두 배 더 많았다. 디트로이트에서 백인 노동자는 32퍼센트가 실업자인데 반해, 흑인 노동자는 60퍼센트가 실업 상태였다. 휴스턴에서도 이와 유사하게 백인은 18퍼센트, 흑인은 35퍼센트가 실직자였다. 흑인 숙련 노동자 중 절반가량이 일자리를 잃었다.[58] 따라서 비율로 따지면 흑인이 백인보다 대공황의 영향을 더 심하게 받았고, 앞서 말했듯이 복지 계획에서는 한층 더 차별을 당했다. 남부에 불어닥친 대공황의 충격 때문에 남부에 살던 흑인 남녀 수천 명이 북부로 몰려갔다. 가장 많이 향한 곳은 시카고였다. 프레지어에 따르면, 뉴욕이나 인구가 유입된 타 도시처럼 시카고에서도 흑인 가족 구조는 완전히 해체된 상태였다.[59] 흑인 남녀는 종종 가족 관계를 떠나서 남부에서 북부로 단독으로 이주하였다. 목적지에 도착한 후에도 떨어진 가족과 다시 합치거나 새로운 가족을 만들 가능성은 별로 없었다.

시카고 노숙자 남성 2만 명 중 10퍼센트가 흑인이었다. 이들 노숙자 남성 조사에서 추출한 표본 가운데 흑인 115명을 살펴보면, 52퍼센트가 결혼을 했는데 이 중 75퍼센트는 아내를 떠났다. 뉴욕에 도착한 미혼 흑인 7,560명을 대상으로 한 다른 조사에서는 42퍼센트가 35세 미만으로 나타났다. 프레지어는 흑인 남녀가 북부 도시에 도착했을 즈음 남부에서 유지하던 생활 방식을 대폭 바꿨다고 주장한다. 흑인 남성은 종종 일정한 직업 없이 잔재주로 살아갔다. 여기에는 도박, 장물 거래, 숫자 알아맞히기 노름과 같은 부정한 돈벌이가 있었다. 프레지어는 다음과 같이 덧붙인다. "중요한 것은 이처럼 '공동체가 없는' 남녀가 완전히 개별화되어 물리적 환경뿐만 아니라 남녀 상대방에 대해서도 아주 '합리적인' 태도를 갖게 되었다는 점이다."[60]

1935년부터 1936년까지 미국 공중위생국이 실시한 국민건강조사National Health Survey는 대공황 기간 동안 흑

뉴욕의 신문팔이 흑인 소년 (1921년)

인의 생활 여건, 특히 주거 환경 및 보건과 관련하여 중요한 정보를 제공한다. 조사에 따르면, 주민이 1만 명 이하인 도시에서 백인은 73퍼센트, 흑인은 9퍼센트가 집에 화장실을 갖추고 있었다. 1936년에서 1940년 사이 연방주택관리국Federal Housing Administration이 만든 보고서를 보면 18개 도시에 위치한 흑인 거주 주택의 73퍼센트가 사용 불가능한 화장실을 가지고 있었다. 남부 마을 네 군데에서는 원조를 받지 않는 흑인의 60퍼센트가 집에 요리를 할 물이 없었고, 75퍼센트는 화장실도 없었다. 반면 물이나 화장실 둘 중 하나가 없는 백인 가구는 10퍼센트에 불과했다. 흑인 거주 주택은 무너지기 직전이었지만, 백인보다 한 집에 더 많은 사람이 살았다.

흑인 출산율이 상대적으로 계속 높게 유지된 몇몇 시골 지역을 제외하면, 도시화 때문에 흑인 출산율은 더욱 감소했다. 예를 들어, 시카고에서는 사회 구조가 특히나 심하게 해체된 '환락 지구'Bright Lights District의 출산율이 가장 낮았다.[61] 할렘Harlem 중심가에서 출산율은 기혼 여성 1천 명당 66.1명밖에 되지 않았다. 이러한 통계 자료를 두고 프레지어는 다음과 같이 썼다.

흑인 공동체 내부에 존재하는 무질서한 부류는 저임금 비숙련 노동자로 이따금씩 낮은 임금을 받고 취업을 하거나 범죄 활동으로 생계를 유지했다. 이들은 보통 심하게 과밀화되고 적절한 위생 시설이 없는 곳에 모여 살았다. 그 결과, 도시 흑인 공동체의 가장 무질서한 지역에서 흑인 여성의 출산율이 가장 낮았다.[62]

이 지역에서는 낙태 역시 빈번하게 일어났다. 1929년 사생아 출산은 천 명당 31.9명으로 지난 2년과 비교하여 증가했다. 흑인의 경우는 백인보다 4.5배나 높았다.[63] 영아 사망률과 여성의 출산 사망률도 흑인이 백인보다 훨씬 높았다.[64] 1935년 흑인 사망률은 1916년 백인 사망률과 거의 동일했다.[65] 만성 질환, 특히 결핵, 독감, 폐렴, 매독 같은 전염병이 있는 이들의 사망률이 가장 높았을 정도로 흑인의 전반적인 생활 여건이 좋지 않았다. 시카고나 뉴욕 같은 대도시 흑인 공동체의 모습을 보면, 프롤레타리아가 대공황 이후 세력이 약화된 채 점점 더 북쪽으로 밀려갔음을 알 수 있다.

3장

투쟁 방식과 실업자 결집

대공황 초기 실업자가 수백만 명에 달했다. 그들은 가족과 함께 거리로 내몰렸지만, 바로 원조의 문을 두드리지는 않았다. 원조 요청은 공포심을 불러일으키는 일로, 사람들은 되도록 원조체제와 멀어지고 싶은 마음이 컸다. 원조는 지역 선거구나 가끔씩 주^州 단위에서 제공되었고, '자선' 차원에서만 활발했다.[1] 원조의 실제 기능은 어떤 일자리든 조건을 따지지 않고 받아들이도록 설득해서 단지 원조를 안 받는 사람이 되도록 하는 것이었다. 그러나 홀어머니에 관한 한 주정부는 위험을 무릅쓰고 재정 지출을 단행했다. 어머니의 사회적 기능, 즉 모성이라는 노동의 본질을 강조하던 시기에 어머니와 자식을 '원조 받을 자격이 있는 핵심 집단'으로 떠받들었기 때문이다. 성인 남성은 지원을 받지 못했는데, '사회적' 원인 때문에 실직했다고 인정될지라도 일하지 않는 성인 남성을 '원조 받을 자격이 있다'고 여기지는 않았기 때문이다.

더욱이 1929년 이전에 뉴욕이나 필라델피아 같은 몇몇 도시에는 빈민구제소나 보호시설에 거주하지 않는 사람에게 제공하는 원외구제outdoor relief가 전혀 없었다. 이는 19세기 이래로 원외구제를 폐지한 법규에 따른 것이다. 그 결과 많은 이들이 대출이나 다른 형태의 지원을 물색하면서 가족과 친척에게 도움을 요청했다. 드물긴 하지만 가능한 경우, 최후의 방법으로 아이를 친척에게 맡기기도 했다. 젊은 부부 수천 명이 부모가 사는 집으로 돌아왔는데, 부모 역시 실업자인 경우가 많았다. 사람들은 거실, 주방, 바닥 등 빈 구석이 있는 곳이라면 어디든 잠을 청했다.

처음에 남성들은 실업자가 된 것을 매우 창피하게 여겼다. 그들이 처한 상황은 조부모 세대가 1873년에 겪었던 위기 상황과 비슷했다. 대공황이 막 시작되었을 때 어떤 남편들은 일자리를 찾을 수 없다는 사실을 아내가 믿지 않는다면서, 이 사실을 아내에게 설명해 줄 사람을 보내달라고 사회복지사에게 요구하기도 했다.[2]

한동안 사람들은 지역 원조 서비스에 도움을 요청하지 않았을 뿐만 아니라, 정직한 일자리 말고 다른 방법은 염두에 두지 않았다. 그런데 정직한 일자리는 존재하지도 않았다. 실업자들은 도둑질을 하기 전 마지막으로 당국, 주로 주지사에게 편지를 보냈다. 어떤 시민들은 편지에서 국가를 향한 신뢰를 드러내며 노동과 가족이 이제까지 만들어 온 사회적 연대와 건전한 가치를 보여 주었다.[3] 편지는 다음과 같았다.

> 도와달라고 부탁하는 건 제 평생 처음입니다만, 지금 상황에서는 이렇게 할 수밖에 없습니다. 저는 오랫동안 실직 상태에 있고 병상에 누워 있는 아내는 약이 필요합니다. 음식을 살 돈도 없는데 뭘 할 수 있겠습니까. 도둑질은 하고 싶지 않지만 아내와 아들이 먹을 것을 달라며 울게 내버려두지는 않을 겁니다. …… 부탁을 드려 유감입니다만 배고픔 때문에 어쩔 수 없군요. 도둑질을 하기 전에 부탁드립니다. 우리 주의 주지사로서 도움을 주시길 간청합니다. 저는 실직 상태에 내몰렸고 돈이 없습니다. 그나저나 이 나라는 대체 뭐가 잘못된 겁니까?[4]

이 편지는 펜실베이니아 주지사 핀초Gifford Pinchot에게 발송된 것으로 당국이 받았던 편지의 전형적인 예로 볼 수 있다. 편지에는 원조 요청을 정당화하는 상황 외에도 큰 정부를 신뢰하는 태도가 잘 드러난다. 사람들은 근본적으로 자신이 왜 이렇게 갑작스럽고 지독하게 이토록

일가족이 아홉 명인 미국의 한 가족 (1930년대 초)

처참한 붕괴를 겪어야 하는지 이해할 수 없었다. 또한 그들이 이제 막 지원과 해명을 요구하기 시작한 국가가 왜 이런 시련을 겪는지도 알 수 없었다. 그리고 지금 끔찍한 운명이 닥쳐온 것은 자신이 잘못된 선택을 했기 때문이라고 믿기도 했다.

숙련 가구공인 그로썹 씨Mr. Grossup는 인터뷰에서 자신의 사연을 들려주었다. 그는 주민 3십만 명이 사는 중서부 도시에 위치한 톤티 커스텀Tonti Custom 가구 회사에서 26년간 근무했다. 해고 직후, 자신이 만약 앞으로 성장할 것으로 예상되었던 전력 산업 방면에서 일했다면 사정이 달라졌을지도 모르겠다고 생각했다.

처음엔 그렇게 나쁘지 않았다. 그는 가끔씩 옷을 정성스럽게 차려입고 집을 나섰으며, 등을 곧게 편 채 빠르게 걸어갔다. 얼굴은 생기 있고 빈틈없었는데, 마치 서둘러 업무 회의에 가는 것처럼 보이려고 애썼다. 하지만 정작 그가 늘 도착한 곳은 공원이었다. "무슨 일이든 생길 거야." 그는 아내에게 말했다. "대통령이 직접 그렇게 말했어."5

그로썹 씨처럼, 다른 많은 실업자도 줄곧 대공황을 조만간 해결될 자연재해처럼 여겼다. 그러나 위기 상황은 끝이 나기는커녕 아무것도 해결되지 않은 채 1933년까지 매년 더 악화되었다.

대공황은 사회 계층을 파괴했다. 여기서는 일부만 발췌했지만 그로썹 씨 이야기를 보면 파괴된 사회 계층 내부에서 정치적 변화가 일어나고 있었음을 알 수 있다. 당시 흑인 프롤레타리아가 1960년대 초반과 같은 대규모 세력이나 추진력을 갖춘 것은 아니지만, 스스로에 갇혀버린 쁘띠 부르주아에 대항하는 살아있는 세력으로 부상했다. 이제 쁘띠 부르주아와 흑인 프롤레타리아는 생존을 위해 가차 없이 투쟁한다는 공동 운명을 안고 있었고, 흑인 프롤레타리아는 완전히 새롭게 탈바꿈했다.

아내 역시 그로썹 씨 일화에서 중요한 주제이다. 아내가 가진 힘은 약했지만, 위기 상황에서 퇴거당하지 않도록 이웃에게 도움을 요청하는 것을 부끄러워할 만큼 약하지는 않았다. 당시 전형적인 여성은 한때 가장이었던 남편의 자존심을 지켜주는 한편 뒤에서 일을 처리해야 했고, 동시에 난국을 타개하기 위해 주도적으로 움직여야 했다.

곧 대량 실업 사태가 일어날 조짐이 보이자, 실업자들은 새롭게 힘을 얻었다. 1930년에 이미 주요 도시와 정부 청사에서 행진과 시위를 자주 볼 수 있었다. 첫 대규모 실업자 투쟁이 미국에서 시작된 것이다. 이 투쟁의 특징은 다양한 사람들이 빠른 속도로 협력하기 시작했다는 점이다. 집에서 쫓겨나 뿔뿔이 흩어진 경우만 제외하고, 온 동네 사람들이 협력하여 투쟁했다. 사람들은 곧 이웃, 도시, 주 경계를 가로질러 조직적으로 결집했다. 실업자와 실업자 가족 내 여성은 기본적으로 세 가지 종류의 투쟁을 벌였다. 첫 번째는 행진, 시위, 상점 및 이후에는 구제 기관을 향한 공격이고, 두 번째는 퇴거에 저항하는 투쟁, 마지막으로 물·가스·전기 차단에 맞선 투쟁이 있었다.

남녀를 가리지 않고 식료품을 훔치기 시작했다. 초기에는 상점이 공격당해도 주인은 경찰에 신고할 엄두를 내지 못했다. 소란이 일어나 다른 사람들도 따라할까 봐 걱정했기 때문이다. 같은 이유로 언론도 곧잘 침묵했다.

식료품 도둑질은 투쟁 초반에 가장 광범위하게 일어났다. 1932년 초반 한 기자는 뉴욕에서 남성 삼사십 명

커피와 도넛을 무료로 제공한다는 플래카드가 붙은 시카고의 무료 급식소 앞
에 실업자들이 줄을 서 있다. (1931년)

이 한 대형 식료품 체인점에 나타나 외상을 요구한 일화를 이야기한다. "현금 거래만 된다고 하자 점원을 한쪽으로 비켜서게 했다. 점원에게 피해를 주고 싶진 않지만 먹을 것을 가져가야 했다. 그들은 식료품을 싣고 떠났다."[6]

번스타인은 또 다른 식료품 절도 사례를 언급하면서, 적어도 1932년까지는 이 현상이 전국에서 일어났다고 말한다.[7] 번스타인은 또한 개인과 지역 사회가 실업자를 구제하려고 노력하여 절도가 더 확산되는 것을 방지했을 가능성도 지적한다. 현 시점에서 절도 현상의 실제 규모를 판단하기는 상당히 어렵다. 특히 앞에서도 말했듯이 도둑질을 부추기게 될까 두려워 신문사들이 절도에 대한 뉴스를 보도하지 않았기 때문이다. 오르톨레바Peppino Ortoleva는 기본적으로 두 가지 유력한 설명을 제시하면서 절도를 다소 제한적으로 해석한다. 하나는 대공황으로 피해를 입은 노동자가 같은 처지에 놓인 지역 소매상에게 부담을 전가하는 행위를 부당하게 여겼다는 것이다. 소매상도 대공황 때문에 빈곤하긴 마찬가지였지만 노동자가 어려운 순간을 극복할 수 있도록 기꺼이 외상을 주었기 때문이다. 다른 하나는 그 시기 집단 심리에 넘을 수 없는 장벽이 하나 존재했다는 것이다. 그 장벽은 합법적인 행동과 불법적인 행동 사이가 아니라, "노동을 통한 부의 획득과 기생상태" 사이에 존재했다.[8]

1930년 뉴욕, 디트로이트, 클리블랜드, 필라델피아, 로스앤젤레스, 시카고, 시애틀, 보스턴, 밀워키 등 주요 도시에서 실업자 시위가 터졌다. 수천 명에 달하는 시위대에는 실업자의 아내, 여자형제, 어머니였던 여성도 있었다. 대공황 초기에 시위에 참가했던 공산주의자는 사라진 일자리에 관한 구호만 외쳐댄 것은 아니다. 오히려 "일자리가 없다면 임금을 달라," "굶주리지 말고 싸우자" 같은 구호를 외쳤다.[9] 사회주의자나 머스티주의자 Musteist(머스티A. J. Muste가 이끈 미국노동자정당American Workers Party의 과격파)와 같이, 공산주의자 역시 실업자가 전국에서 결집하고 조직적으로 활동할 수 있는 환경을 조성하였다.[10]

번스타인에 따르면 1930년 2월 11일, 실직 남성 3천 명이 클리블랜드 시청을 급습했다.

그들은 경찰이 소방호스로 살수하겠다고 위협한 후

에야 해산했다. 나흘 뒤 필라델피아 실직자대책협의회 Council of Unemployed의 주도 아래, 시위대가 시장 매키 Harry Arista Mackey와 면담을 요구하며 시청을 향해 진격했다. 이 시위에 250명이 참가했다. 경찰이 시위대를 몰아내고 일주일 후, 실직 남녀 1천2백 명이 시카고 지방정부를 향해 진격했다. 경찰봉을 든 기마경찰이 시위대를 해산시키는 동안, 루프Loop 사무실 건물 안에서 수천 명이 이 광경을 지켜보았다. 시위를 주도한 스티브 넬슨 Steve Nelson은 체포되었다. 2월 26일 군중 3천 명이 로스앤젤레스 시청 앞에서 최루탄에 진압되었다.[11]

공산주의자는 1930년 3월 6일을 '세계 실업자의 날'로 천명했다. 전국에서 시위가 일어나고 125만 명이 참가했다. 디트로이트에서 십만 명 이상이 참가했고, 시카고에서 5만 명, 피츠버그에서 5만 명이 참여했다. 밀워키, 클리블랜드, 로스앤젤레스, 샌프란시스코, 덴버, 시애틀, 필라델피아에서도 실업자들이 결집했다.

뉴욕에서는 윌리엄 포스터William Z. Foster가 유니언 스퀘어Union Square에서 군중 3만 5천 명에게 시청으로 행진

Daily Worker
Central Organ of the Communist Party of the U.S.A.

By Mail (in New Yor
By Mail (in New Yor... outside of...

All Out! On to the Streets!

By Fred Ellis

REV

1930년 3월 6일 뉴욕의 『데일리 워커』지에 실린 세계 실업자의 날 집회 참가를 독려하는 만화

Drive the Unemployment Struggle
Along Revolutionary Channels

하자고 호소했다. 포스터가 특별위원회나 시장과 만나기를 거부하자 교전이 시작되었다. 경찰은 56년 전에 톰킨스 스퀘어 공원Tompkins Square Park에 모인 실업자에게 했던 것처럼 실업자들이 공산주의자라며 몽둥이질을 해댔다. 번스타인은 "1930년대 초반 공산주의자 시위가 미국에서 혁명을 일으키지는 못했지만," 분명 "시위대의 피 흘리는 얼굴을 계기로 실업 문제는 이전과 달리 미국 모든 주요 도시에서 1면 기사로 주목할 만큼 관심을 끌었다"고 말한다.[12] 이때까지는 전국에 동원령이 내려져 있었기 때문에 시위대가 경찰과 매우 거칠게 충돌했다.

4천 명 이상이 1931년과 1932년에 워싱턴 기아 행진hunger march에 참가했는데, 이 중 절반 가까이가 흑인이었다. 흑인의 주도력과 공격력은 모든 시위에서 뚜렷하게 나타났다. 굶주린 수백만 명이 뒤에서 그들을 지원했다.

남부에서는 백인 소작농과 흑인 소작농이 소작농조합Sharecroppers Union으로 결속하였다. 이 조직의 흑인 지도자 랠프 그레이Ralph Gray는 린치를 당했다. 1931년 스코츠보로 소년들Scottsboro Boys이라 불린 흑인 소년 아홉 명이 앨라배마에서 일어난 강간 사건에서 누명을 썼고,

그들을 구하기 위해 국제 사회가 연대하여 투쟁하자는 흐름이 생긴 직후였다. 남부에서는 흑인을 폭력적으로 억압하기 위해서 강간 혐의를 씌우는 경우가 자주 있었다.

같은 해 아이오와, 일리노이, 노스다코타, 뉴욕에서 농부들이 우유와 농작물을 싣고 가는 트럭을 막아서서 작물을 파괴하고 트럭을 못 쓰게 만들었다. 여기서도 전투가 매우 격렬하게 벌어졌다. 주요 시장으로 가는 도로 위에 방어벽이 세워졌고 바리케이드가 쳐졌다. 트럭 운전자가 투항하지 않자 농부들은 트럭 앞 유리창에 돌멩이 세례를 퍼부었고, 트럭 운전자를 두들겨 팼으며, 트럭을 망가뜨렸다.

1932년 5월 재향군인 수천 명이 워싱턴으로 행진하였는데, 이를 노병 보너스 행진Bonus Army March이라고 불렀다. 그들은 1923년에 만들어진 법에 따라 50달러나 100달러에 해당하는 군 급여 정산금을 돌려받아야 했다.[13] 1932년에 그 금액이면 몇 주간은 배고픔을 달랠 수 있었다. 재향군인들은 걷거나 낡은 차, 망가진 트럭, 화물 열차를 타고, 또 여객 열차를 얻어 타고 워싱턴에 도착했다. 심지어 알래스카에서 온 사람도 있었다. 아내와 아이를 데리고 온 사람도 많았다. 무리가 커지자 애너코스티아 플랫Anacostia Flats이라고 불리는 포토맥Potomac 너머 평지로 우회했다. 6월에 2만 5천 명을 넘어서자 비참한 상태에서 일종의 군부대를 조직했다.

장군 더글러스 맥아더Douglas MacArthur, 대령 드와이트 아이젠하워Dwight Eisenhower, 소령 조지 패튼George O. Patton 은 재향군인 진압 작전을 주도했다.

그들은 오후 늦게 도착했다. 덜커덕거리는 발굽소리를 내는 기병 네 중대가 군도를 빼들고 왔다. 탱크 여섯 대에 달린 기계식 대포에는 덮개가 씌워져 있었다. 보병 한 중대가 총검을 차고, 강철모와 가스 마스크를 쓰고, 벨트에 푸른색 최루탄을 찬 채 뒤따랐다.[14]

후버의 군사는 승리했으나, 불행하게도 후버 정권에 찬성하는 의견은 흔적도 없이 사라졌다. 대다수 참전 용사가 공산주의 이데올로기와 선전에 적대적이었지만, 그럼에도 그들은 후버의 대응이 결코 용인될 수 없는 것이라고 주장했다. 미지급 임금을 요구하는 자신들의 시위

보너스를 받지 못한 재향군인들이 미국 국회의사당 앞에서 시위를 하고 있다.
(1932년)

는 법적으로 정당하지만, 폭력적이고 통제되지 않은 군사력에 기댄 국가의 대응은 법적인 정당성을 확보할 수 없었기 때문이다.

1932년 3월 7일에 있었던 또 다른 시위 역시 인상적이다. 이 사태는 1932년 포드 기아 행진Ford Hunger March으로, 시위대가 피투성이가 된 채 끝이 났다. 약 8만 5천 명이 직장을 잃었고, 이들은 재고용을 가능하게 해주는 프로그램을 제시하길 원했다. 약 3천 명이 허가를 받고 디트로이트에서 디어본까지 행진했다. 그러나 시위대가 도시 경계에 이르자 경찰은 돌아가라고 명령했다. 시위 지도자들이 '프롤레타리아 규율'을 고수하자고 주장했지만, 시위 참가자들은 단호하게 밀고 나갔다.

이어진 폭력적인 진압은 문헌에 상세하게 기록되어 있다. 슐레진저Arthur M. Schlesinger Jr는 다음과 같이 썼다.

경찰은 최루탄으로, 군중은 돌멩이, 분탄, 얼어붙은 진흙 덩어리로 맞섰다. 포드 소방서는 행진하는 사람들에게 얼음처럼 차가운 물을 쏘았다. 경찰은 처음에는 권총, 나중에는 기관총을 발포했다. 빗발치는 탄환에 결국 대열이 흐트러졌다. 일부는 부상자를 실어가려고 했고, 나머지는 사망자 네 명과 부상자를 남겨둔 채 달아났다. 포드식 생산방식을 배우고 있던 러시아 기술자 몇 명이 공장의 4번 게이트 창문 밖으로 그 광경을 지켜봤다……. 시신은 이틀 후에 레닌의 사진과 함께 '포드는 빵 대신 탄환을 줬다'라는 표어가 찍힌 거대한 붉은 현수막 아래 안치되었다. 악단이 1905년의 러시아 장송곡을 연주했고 디트로이트 노동자 수천 명이 관을 따랐다…….15

1932년은 흑인 조직 활동이 변화한 해이기도 하다. 디트로이트 쉐보레Chevrolet 공장에서 일하던 한 흑인 노동자가 2년간 실업 상태 끝에 자신을 일라이자 무하마드 Elijah Muhammad라고 선언하면서 이슬람 국가Nation of Islam 를 건설하였다. 이는 흑인 민족주의 역사의 한 전환점이 되었다. 빈민가와 남부 농장, 어느 쪽과도 동일시하지 않는 도시 민족주의가 탄생한 것이다.

1932년 디어본 시위는 공장 내부 투쟁이 재개되었음을 보여 준다. 해고 노동자는 공장 측에 요구 사항을 제시했고, 즉각적으로 일에 복귀하기 위해 명확한 작업 계획도 제출했다. 이들은 영구적으로 해고된 게 아니라고 믿었으므로, 다른 실직자들보다는 여전히 고용 상태인 직원들을 투쟁의 동지로서 더 의지했다. 디어본 사태는 공장 내부에서 제기된 요구 사항을 바탕으로 노동계급 투쟁의 한 시대를 재개했다. 이제 기아 행진, 워싱턴 재향군인 시위, 전국의 주요 실업자 시위에서 노동자가 무엇을 요구하였는지 자세히 살펴보자. 한마디로 하면, 국가가 직접 화폐와 생필품으로 소득을 보장하라는 것이다. 실업자와 재향군인은 이미 예전 고용주와의 관계가 영구적으로 끊어진 상태였기 때문에, 함께 일자리를 찾으면서 국가와 지방 정부 기관에 기대를 걸었다. 지자체 건물은 이들의 압박이 집중된 장소로 물리적 충돌을 피할 수 없었다. 노동자가 국가를 향해 이처럼 강력하게 소득을 보장하라고 요구한 것은 미국 계급투쟁 역사에서 처음 있는 일이었다. 국가가 화폐와 생필품 형태로 소득을 지급해야 한다는 요구는 투쟁의 요구사항이 이전보다 한 단계 더 나아가 새롭고 강력한 단계로 발전했음을 보여 준다.

　물론 행진을 하거나 지방 정부 기관 또는 주정부에서

시위하는 것만으로 국가가 지급하는 소득을 받을 수는 없었다. 후버 정부가 실업자 시위에 대해 내놓은 첫 대응은 1932년 긴급구제법Emergency Relief Act을 통해 부흥금융회사Reconstruction Finance Corporation, RFC를 설립하고 주정부에 돈을 빌려준 것이다. 이는 형편없는 민간 자선 체계의 대안으로, 연방정부가 주정부의 책임을 보강하고 지원한 것이다. 그러나 이러한 조치는 모두 형식적 수준에 머물렀다. 부흥금융회사가 할당한 돈에서 일부만이, 즉 3억 달러 중에서 3천만 달러 정도만 실제로 주정부에 돌아갔기 때문이다.[16] 세 개의 주요 은행이 가장 큰 몫을 챙기는 동안, 후버는 전국에 '일자리를 확산하자'는 지침을 내렸다. 이는 기본적으로 노동자의 노동시간을 줄이고 임금을 삭감하여 실업자에게 일을 조금이라도 나눠주자는 것이다.

이러한 연방정부의 총체적 무기력을 타개하기 위해서 실업자들이 직접 정부 기관 및 사회복지사를 대대적으로 공격하였다.[17] 시카고에서 실업자 5천 명이 참가한 행진이 좋은 예다. 실업자들은 시 건물에서 하루 세 끼 식사 보장, 무상 의료, 일주일 담배 두 갑, 정치 조직이 시부지에서 회의를 열 수 있는 권리, 실직자대책협의회 구성원에 대한 차별 금지를 요구했다. 실업자들이 요구한 사항이 관철되긴 했으나, 1932년 시 정부가 심각한 궁핍을 이유로 구제 기금을 50퍼센트 삭감했다. 2만 5천 명이 다시 한 번 행진했고 결국 시는 부흥금융회사에서 추가로 돈을 빌렸다. 그러나 정부 기관을 향한 공격은 종종 체포·부상·살인으로 이어졌고,[18] 후버 정권 기간 중에는 시카고에서 실업자들이 얻은 결과를 더 크게 확장해서 생각하지는 않았다.

실업자는 시위를 통해 분노를 결집하고 배가시켰으며, 소득 보장을 목적으로 국가를 향해 분노를 폭발시켰다. 이제는 국가도 소득 보장 요구를 무시할 수 없었다. 시위자 수천 명은 살던 곳을 떠나기까지 하면서 조직을 구성하여 서로 협력했다. 이들이 국가에 소득을 보장하라고 요구하는 동안, 국가는 계급이 정치적으로 재구성되는 모습을 처음으로 마주하였다.

1929년 대공황으로 실업이 보편화되었다. 이러한 흐름은 축적 전략 속에서 지속되었고 전후에 심화되었다. 이제 실업자와 국가의 관계는 노동자와 국가의 관계와 동전의 양면처럼 늘 함께했다. 실제로 대공황 이후 연방 정부는 실업자, 노동자, 국가의 관계를 묻는 정치적 질문에 응답함으로써 고용 노동자와 실직 노동자 모두를 통제하려고 했다.

1933년에서 1935년 사이에도 투쟁과 혼란은 계속되었다. 루즈벨트 정부에서 연방긴급구제법Federal Emergency Relief Act, FERA을 시작으로 의미 있는 구제 관련 조항들이 최초로 통과되었고, 더 세부적인 소득 요구 움직임도 계속되었다. 이를 위해 조직적인 활동이 이어지면서 실업자뿐만 아니라 노인들도 규합하였다.

흑인 지역사회 다음으로 노인 인구가 대공황으로 가장 큰 타격을 입었다.[19] 노인을 지원하기 위한 운동 중 가장 강력했던 것은 노인들의 운동Old People's Movement 또는 타운센드 운동Townsend Movement이었다. 타운센드 운동이라는 이름은 은퇴한 내과 의사이자 노인 활동가였던 프랜시스 타운센드Francis Townsend에게서 따왔다. 그는 이제까지 착안된 것 중 가장 진보한 연금 제도를 고안했는데, 60세 이상 모든 노인에게 월 2백 달러를 보장하고 소매세로 연금 기금을 조성하는 제도였다. 타운센드 운동

타운센드 운동 지지자의 차량 (1936년)

의 바탕에는 타운센드 클럽이라고 불린 전국 집단 및 타운센드 사진을 술집이나 공공장소에 열정적으로 붙이던 지지자가 있었다.

1934년까지 수천 명이 타운센드 운동 시위에 참여했다. 그들은 타운센드 연금 제도에 붙은 두 가지 조건인 일하지 않을 것, 연금 전액을 한 달 안에 쓸 것에 동의했다. 노인 피부양자가 있지만 부양 능력이 없던 젊은이들도 이 안을 지지했다. 1928년에 65세 이상 인구의 30퍼센트가 피부양자였다면, 1935년에 그 비율은 50퍼센트까지 올라갔다. 그리고 노인 인구 비율은 1900년과 비교했을 때 순식간에 두 배가 되었다.[20]

1936년까지 타운센드 클럽이 7천 개, 각 클럽당 회원이 평균 3백 명으로 총 회원은 2백만 명에 달했다. 시민 2천5백만 명이 타운센드 연금안에 찬성하는 청원에 서명했다. 연금안이 1934년 하원의회에 제출되었을 때, 하원의원 2백 명 정도가 불참하고, 용기를 내서 참석한 의원도 호명 투표 없이 반대표를 던진 사실은 타운센드 운동의 영향력을 잘 보여 준다.

전 루이지애나 주지사 휴이 롱Huey Long은 또 다른 거대한 소득 보장 계획을 추진했다. 그는 농담 삼아 스스로를 '거물'이라 불렀고, 한동안 루즈벨트를 지지했다. 또한 1936년에 치러질 대선에서 루즈벨트의 대안이자 훌륭한 대통령 후보로 여겨지기도 했다. 그는 모호한 인물이었는데 몇 번이고 '파시스트'로 낙인 찍혔으며, 1935년에 암살당했다.

당시 미국은 유럽에서 일어난 것과 유사한 이념적, 정치적 논쟁의 조건을 찾아내기 위해 고심했다. 뉴딜의 성격에 관해 좌우 진영이 벌인 이념 다툼이 이를 여실히 보여 준다.[21] 롱이 1928년 주지사가 되었을 때 루이지애나는 상태가 심각했다. 농장 출신 백인 남성 5분의 1이 문맹일 정도로 문맹률이 가장 높은 주였고, 아동에 대한 처우도 가장 나빴다. 아이들은 사탕수수밭, 딸기밭, 새우 저장 공장이나 창고 등에서 엄청나게 장시간 일해야 했다. 도로 체계와 학교도 엉망이었다.[22]

롱은 지역 고용주의 이익에 반하여 학교와 도로를 건설했다. 롱이 주 상원의원이었던 1934년에 처음 시작한 부를 공유하자 Share Our Wealth 프로그램은 '대중에 영합한다'populist고 여겨졌다. 프로그램에서 연방정부가 가구당 소득 5천 달러를 매년 보장하는 제안을 내놓았고, 시골에 사는 백인들에게 인기를 얻었다. 그들이 롱을 지지한 이유는 롱이 모든 공공 일자리에 반대하는 지역 사업가의 이익에 맞서 용기 있게 행동했기 때문이다. 1934년 프로그램을 공식적으로 발표하는 자리에서 롱은 다음과 같이 선언했다.

> 지금 25만 4천 명에 달하는 성실한 남녀가 가차 없는 싸움에 자신을 바치고 있습니다. 이 풍요로운 땅의 부를 분배하면, 아이들이 굶주리거나 부모님이 빵조각을 구걸하지 않아도 됩니다.[23]

이는 1932년 4월 4일 롱이 상원에서 했던 연설과 비슷하다. 당시 롱은 1929년 미국 부호 504명이 개별적으로 벌어들인 돈이 옥수수와 면을 생산한 농부 2백3십만 명이 벌어들인 돈을 합한 것보다 많다고 말했다.

롱이 암살당한 후, 제럴드 스미스Gerald L. K. Smith가 그의 뜻을 이어받아 프랜시스 타운센드, 코글린 신부 Charles Coughlin와 함께 연합당Union Party을 결성하였다.[24]

연합당은 1936년 대통령 후보로 윌리엄 렘케William Lemke를 선출했다. 하지만 정당 내부에 강령적·이념적 불일치가 팽배했고, 이것이 1936년 선거에서 분명한 패배로 이어지면서 연합은 깨졌다. 이처럼 소득 보장 프로그램의 형성 및 시행을 위한 싸움은 정치적인 패배를 맛보았으나, 수백만 명의 노인과 가난한 실업자를 결집시키고 폭넓은 지지를 받았다는 것만으로도 매우 특별한 의미가 있는 운동이었다.

정부 기관을 향한 시위와 공격은 최초의 개혁이 가결된 후인 1935년까지 계속되었다. 1935년 3월 19일 할렘에서 첫 주요 흑인 봉기가 일어났다. 호프스태터Richard Hofstadter는 이 봉기가 이전의 시위와 달리 경찰의 도발에 대한 대응으로 시작된 것이 아니라고 말한다. 봉기 참가자는 백인이 가진 재산을 직접 공격하였다. 주로 식료품이나 의류 매장을 파괴했는데, 그 가치는 2백만 달러에 달했다.[25]

실업자는 소득을 직접 요구하는 것과 더불어 거주지를 방어하고 가스와 전기 차단에도 저항했다. 특히 투쟁 초반에 강한 의지를 갖고 거주지를 방어할 때는 원조에 의지하지 않고 자기 권리를 지킨다는 확신에 차 있었다. 이 투쟁에서도 흑인 프롤레타리아는 놀라운 주도력을 보였다. 실제로 퇴거에 저항하는 투쟁은 로워이스트사이드Lower East Side와 할렘에서 시작되어 다른 도시로 확산되었다.[26] 1930년과 1931년에 이미, 관련 당국이 가구를 거리로 내던지는 것을 막기 위해 다양한 전략을 고안한 사람들이 있었다. 수많은 사람들이 실직자대책협의회를 통해 조직을 구성하여 경찰관이나 퇴거 대리인에 맞섰기 때문에 가까스로 퇴거를 막을 수 있었다. 하지만 결코 쉽게 승리한 것은 아니다. 뉴욕 당국은 7만 7천 가구를 퇴거시켰다. 시카고에서 퇴거에 저항하기가 특히 힘들었던 곳은 실업률이 매우 높고 경찰이 더욱 난폭하게 진압했던 흑인 동네였다. 집을 수호하기 위한 전투는 거리에 사망자와 부상자를 남겼다.[27] 시골에서 경매에 넘어간 농장을 지키려는 투쟁도 마찬가지로 가혹했다.

그로썹 씨와 비슷하게, 아이오와 농부들은 압류 농가를 팔고 있는 경매사 주변을 에워싸고 있었다. 그들은 법을 준수하는 보수적인 사람들이었지만, 지금은 압류

아칸소주 디블 농장에서 퇴거당한 소작농의 가족들 (1936년). 이들은 남부소작농연합(Southern Tenant Farmers' Union)에 가입했다는 이유로 농장주로부터 음모를 꾸미고 있다는 의혹을 받았고, 이러한 주장을 법원이 받아들여 공권력에 의해 쫓겨났다.

된 농장에 1페니보다 더 높은 값을 부르는 사람을 험악하게 위협하고 있었다. 농부들은 농장을 구입하려는 은행가나 부동산 업자에게 쌀쌀맞았고, 뭔가를 암시하듯 밧줄을 만졌다. 그러는 동안 무리 중 한 명이 농장을 1페니처럼 터무니없이 낮은 가격에 구입하여 차압당한 주인에게 되돌려주었다. 이러한 이웃의 도움과 페니 경매에도 불구하고, 1929년부터 1933년까지 압류로 재산을 잃은 농부는 1백만 명에 달했다.[28]

가스와 전기가 차단되자 사람들은 스스로 '가스팀'을 조직해 집에 가스가 다시 들어오도록 했다. 또한 지역 전력회사가 전선을 끊자 '전기팀'을 조직해 전선을 다시 계량기에 연결시켰다.

실업자들은 이 같은 기본적인 형태의 투쟁에 더하여 수많은 형태의 자립협동조합self-help cooperative을 만들었다. 특히 가장 암울했던 시기인 루즈벨트 정부 기간 동안 생존을 위해 협동조합을 조직하였다. 1932년 말까지 3십여 개 주에 1백 개가 넘는 자립 및 교환 협동조합이 생겨났다. 이들 대부분은 상품이나 화폐로 지불하는 자체 시스템을 갖추고 있었고, 여성과 실직 남성이 모여 상품과 서비스를 교환했다. 쓰고 남은 나무·생선·사과·감자 등으로 제화공, 목수, 재단사, 그 외 다른 서비스 노동자가 청구하는 비용을 대신하거나 수리를 받을 수 있었다. 중요한 협동조합으로 시애틀실직시민연맹Unemployed Citizens League of Seattle을 들 수 있다. 이 연합은 워싱턴주 22개 지구에서 조직되었는데, "1만 3천 가구가 참여했고, 4만여 명이 연맹의 자립 프로그램을 이용했다."[29]

시애틀실직시민연맹은 '무일푼의 공화국'Republic of the Penniless이라고 불렸다. 시애틀실직시민연맹이 가장 유명한 조직이긴 했지만, 연대에 바탕을 둔 다른 조직이나 집단행동도 놀랄 만큼 커지고 분화되었다. 미국 서부가 가장 영향을 많이 받았다. 이러한 흐름은 좌파 정당이 선전활동으로 끌어들이는 것보다 더 많은 실직 프롤레타리아를 참여시켰다. 이에 비해 좌파 정당은 심지어 실직자대책협의회가 어려운 이웃 돕기 기금을 조성하기 위해 연대하는 것조차 용인하지 않았다. 자립협동조합처럼 연대에 기반을 둔 조직 및 집단행동은 주목을 많이 받았다. 아래 설명도 그중 하나이다.

정치 시스템(지역과 연방 모두)에 대한 신뢰가 무너지면서 대안적 정치구상(점점 더 고립되어간 공산주의자들의 정치구상을 말한다)보다는, 정치 이전 행위pre-political behavior가 반작용으로 자리를 잡았다. 이러한 흐름 속에서 사람들은 지역 사회에서 연대하며 사회관계를 형성하였다. 대공황에 영향을 받은 실업자와 프롤레타리아는 상대적으로 자율적인 사회구조를 설립하려고 했다. 그들은 이길 수 없을 것 같은 정치권력과 충돌하는 것을 피하고, 추상적이고 생경한 '경제 계획'을 가지고 위기 경제에 반대하는 것 역시 거부하였으며, 대신 상호 협조라는 실체적인 관계로 활동 범위를 제한하려고 했다 ……. 이는 계급 간 충돌이라기보다는 차이와 분리의 재발견이었다 ……. '정치 경제'와 보편적인 삶의 구조는 파산해 버렸지만, 이와 대조적으로 프롤레타리아 공동체는 유일하게 조직적인 경제 전망(톰슨이 '도덕 경제'moral economy라고 일컫는 것)을 보여 주었다.[30]

이 현상은 '정치적 급진주의'political radicalism와 대조되는 '사회적 급진주의'social radicalism로 정의되었다. 이 현상은 '급진화'radicalization 과정이 직선적으로 진행되면서 나타난 것이 아니라 집단 전체의 사고방식이 근본적으로 변화하면서 일어난 것이기 때문이다.[31]

협동조합이 보여 준 '직접 하라'do it yourself의 태도는 당대 문학 작품이 애석하게 다뤘던 펜실베니아 석탄 채취와 밀수 같은 불법 경제활동에서도 드러난다. 브레처 Jeremy Brecher는 "실직 광부들이 작은 팀을 이뤄 소규모 회사 소유 광산에서 석탄을 채굴했고, 어떤 이들은 석탄을 트럭에 싣고 근처 도시로 가져가 시중 가격보다 낮게 팔았다"고 이야기한다.[32] 1934년 이러한 불법 산업의 범위는 석탄 5백만 톤, 대략 4천5백만 달러 상당이었고, 2만 명이 종사했으며, 차량 4천 대가 이용되었다. 하지만 브레처가 언급하듯이, "지방 관리는 광부들을 고발하지 않았고, 배심원은 유죄를 선고하지 않았으며, 교도소장도 투옥을 지시하지 않았다. 회사 소속 경관이 밀매를 중단시키려 하자 광부들은 무력으로 스스로를 방어했다."[33] 광부들이 석탄 불법 채취를 할 때 회사 시설을 이용하여 자신을 위한 생산 활동에 전념한 점에도 주목해야 한다.[34] 번스타인은 돈을 벌기 위해서 수상한 방법이 급속

캘리포니아주 버뱅크의 자립협동조합 회원들 (1936년)

도로 발전했다면서, 불법 행위가 확산되는 현상에 대해 언급한다.[35]

집을 지키기 위해 원조, 즉 돈을 요구하는 투쟁이나 식료품, 가스, 에너지 및 그 외 다른 모든 것을 쟁취하기 위한 투쟁에서 여성이 했던 역할도 짚고 넘어가야 한다. 앞서 언급했듯이, 1930년대 실직 노동계급이 가족 붕괴를 겪으면서 여성, 남성, 청년이 가족을 포기하였다. 어쩔 수 없이 가족을 포기한 어머니들은 많은 경우 불가피하게 매춘을 하게 되었고, '정상적인' 삶의 기회가 거의 없었기 때문에 사생아 출산이 증가했다. 또한 열악한 조건에서 결혼이 크게 감소했다. 당시 여성이 구제를 받기 위해 투쟁을 벌이면서 대안적인 가족 구조를 만드는 것은 불가능했다. 대안적인 가족 구조는 1960년대나 1970년대 일어난 운동에서야 등장하였다. 그전에는 대공황 초기의 구제 문제 및 이후 공장 투쟁에서 모두 여성은 가족을 지키기 위해 투쟁하였다.[36]

4장　　　　　　　후버와 루즈벨트

후버 정부

이 장에서는 국가가 위기 상황 및 뒤따른 투쟁에 어떻게 대응하였는지를, 특히 사회 경제적 구제 분야, 넓게는 노동력 재생산에 중점을 두고 살펴볼 것이다. 이탈리아에서 국가와 고용 노동계급의 관계 양상, 즉 단체 교섭의 역사는 다년간 상당한 주목을 받았지만, 노동력 재생산은 비교적 최근에 와서야 관심을 받았다.

미국 연방정부는 대공황을 계기로 일반 국민의 경제적 안녕을 최초로 책임지게 되었다. 앞으로 다루겠지만, 정부는 이 새로운 책임을 완수하기 위해 엄청난 노력을 쏟아야 했다. 따라서 뉴딜이 시행되어 연방정부의 역할에 변화가 일어나기까지 후버에서 시작하여 루즈벨트에 이르는 기간이 필요했다.

후버 정권하에서 국가는 실업자들이 투쟁을 통해 국가를 압박하는 것을 계급이 새롭게 구성되는 신호로 보지 않았고, 국가와 자본이 실업자의 재생산을 반드시 책임져야 한다고 생각하지도 않았다. 오히려 국가는 실업자를 무력으로 저지할 수 있는 늙은 예비군의 재출현 혹은 관심을 가지지 않아도 되는 기생충쯤으로 여겼을 뿐이다. 이때까지만 해도 국가는 전체 생산 과정을 직접 책임질 필요성을 느끼지 못했고, 따라서 사회재생산의 전 과정 역시 마찬가지였다. 이 단계의 필요성이 명백해지자, 국가의 전체적인 제도 틀과 각 기관이 수행하는 기능을 근본적으로 바꿔야 할 필요성 역시 분명해졌다.

후버 정권 이전의 국가는 '적극적인 정부'라는 특징을 가지고 있었지만, 제조업 영역과 사회를 통합시키지는 못했다. 이 적극적인 정부는 군수산업위원회War Industries Board, WIB를 통해 매우 중요한 정치적 실험을 모색하였으나, 아주 짧고 예외적인 경험에 그쳤을 뿐이다. 이처럼 당시 국가는 사회적 차원의 노력을 기획할 수는 있었지만, 사회재생산이 이뤄지는 종합적 모형을 만들 수는 없었다. 국가는 여전히 생산과 재생산의 세계 밖에 존재했다. 그 결과 중요한 입법 활동은 유일하게 어머니 연금에서만 이뤄졌고, 그마저도 부차적인 수준으로 강등되었다.

후버는 과거의 철학을 대변하는 인물이었다. 그는 항상 '진정한 자유주의'가 자신의 원칙이라고 이야기하며 자신을 비난하는 좌파 진영의 거짓 자유주의에 반대했

뱅크오브아메리카 파산 이후 은행 앞에 모인 예금자들 (1931년)

다. 후버는 실제로 지난 세기의 자유주의 원칙에서 영감을 얻었으며, 그 원칙 대부분이 옳다고 생각했다. 바로 이 때문에 후버는 정치적으로 패배 일로에 들어섰다. 당시는 대공황이 발발하고 여러 문제가 발생하여 이전 시대 철학을 근본적으로 바꾸고 개인주의 및 완벽한 자유주의라는 오래된 신화를 버려야 한다는 의견이 강하게 제기되던 시기였기 때문이다. 후버는 그가 뿌리를 뒀던 세계가 실패하면서 함께 몰락했다. 호프스태터는 다음과 같이 말한다.

효율성, 기업, 기회, 개인주의, 실질적 자유방임주의, 개인의 성공, 물질적 행복 등 후버가 믿었던 것은 모두 미국을 지배하던 전통이다. 그가 이러한 가치를 내세웠기 때문에 1929년 이후 아주 많은 사람이 후버를 혐오스럽고 우스꽝스럽게 여겼지만, 바로 그 똑같은 가치가 멀리는 19세기, 가깝게는 1920년대까지도 미국인 대다수에게 거부할 수 없는 유혹으로 다가왔다. 제퍼슨, 잭슨, 링컨의 언어에서 신선하고 활기찼던 생각이 허버트 후버의 말에서는 진부하고 억압적으로 느껴졌다.[1]

호프스태터의 분석은 후버가 자주 했던 이상하리만치 낙관적인 진술에 비추어보면 더 잘 이해할 수 있다. 예를 들어, 후버는 1931년 시장이 붕괴한 직후 "이 나라의 근간이 되는 사업, 즉 상품 생산과 유통은 기초가 건실하며 번창하고 있다"고 말했다.[2] 그는 대공황이 미국 경제 구조 외부에 존재하는 요인 때문에 발생했다고 계속 믿었고, 세계정세 탓이라고 확신했다.

1930년 10월 말, 실업자가 유일하게 두드릴 수 있는 문은 지역 또는 민간 구제밖에 없었는데, 이것마저 실제로는 어떤 조건이든 감수하고 일하도록 강요하기 위해 만들어진 것에 불과했다. 후버는 심지어 이런 상황에서도 임시 국회를 요구하는 이들에게 "국가의 '자원봉사 기구와 지역사회의 봉사'로 실업자를 보살필 수 있다는 확신"만 재차 전했다.[3] 직전에 마지못해 승인한 대통령긴급고용위원회President's Emergency Committee for Employment, PECE에서 실업 문제를 "지역의 책임"이라고 말하는 한편, 모든 구체적인 고용 방안에는 반대했다.[4] 이후 등장한 국가적 사안에 대해서는 당시 사회 문제에 가장 '개방적'이었던 정치 기구조차도 굳게 닫힌 문 앞에서 좌절할 수밖에 없었다. 사실상 국가 자체가 급진적으로 변하는 것만이 유일한 해결책이었다. 낡은 형태의 국가로는 난생처음 겪는 실업 문제를 해결할 수 없었기 때문이다. 다시 말해, 실업 문제를 해결하기 위해서는 고용 가능성과 관계없이 국가가 즉각 대규모로 사회재생산을 보장하고, 정부가 멀지 않은 미래에 고용과 임금을 회복해야 했다.

기존 사회 질서가 가족의 안정을 기반으로 성립되고 가족이 남성이 벌어오는 임금으로 유지되는 한, 실업은 가족 모형의 기초 기둥부터 다시 세워야 하는 문제였다. 가족 모형의 기본 축은 외부 노동을 하든 뭘 하든 어떻게든 즉각적인 소득을 마련하는 남성과 이를 바탕으로 가사노동을 하는 여성이었다.

후버의 국가는 이 중 어떤 것도 책임지지 않았다. 대신 1930년 여름 남서부 전역의 작물과 가축을 파괴시킨 가뭄 문제에 집중했다. 후버는 가뭄 문제를 해결하기 위해 즉시 구제 프로그램을 마련했고, 농부에게 씨앗, 비료, 가축 사료 비용을 빌려주기 위해 정부 기금을 할당해 달라고 의회에 요청했다. 하지만 민주당 상원 의원들이 실업자를 위해 기금을 할당하자거나 가축용 곡물을 나눠주자는 요청을 하자, 후버는 반대 의사를 표시했다.[5] 후버는 대신 '일자리를 확산하자'는 결정을 아주 훌륭하게 생각하여, 임금을 벌기 위해 몸부림치는 사람들에게 일주일 중 하루를 구제 위원회에 헌납하도록 장려했다. 그러는 동안, 신문지로 몸을 감싸서 추위를 견디는 사람들이 생겼고, 아이들은 신발과 외투가 없어서 학교에 가지 못했다. 사람들이 거처할 곳도 없이 굶어 죽어가자, 어떤 이들은 대공황이 아니었다면 존재하지 않았을 일자리를 만들어 내기도 했다. 한 예로, 사과 장수들이 사과를 빨갛게 닦는 일을 서로 하려고 경쟁하는 식이었다. 1931년 후버는 실업에 관한 국가 연구 결과를 보고 나서, 지역 및 주^州 단위 조직으로도 나라의 요구 사항을 충족시킬 수 있음을 확신하게 되었다고 발표했다. 그래서 실업자 구제를 위한 대통령 지휘 기구President's Organization for Unemployment Relief라는 새로운 위원회를 임명했는데, 위원회의 주요 기능은 민간 자선활동 장려였다.

미국노동총동맹American Federation of Labor, AFL 지도자들은 경제 번영이 '임박했다'고 단언하면서 후버의 정책을 전폭적으로 지지했고, 임금 삭감을 반대하는 파업도

실업자 구제를 위한 대통령 지휘 기구가 잡지 『굿 하우스키핑』(*Good House-keeping*)에 〈그를 응원하며 어려운 시기를 모두 함께 이겨냅시다!〉라는 제목으로 게재한 광고 (1932년)

선언하지 않았다. 미국노동총동맹은 이미 1930년에 모든 형태의 실업보험에 맹렬하게 반대하였고, 국가가 주도하는 구제나 보험이 원조를 받는 실업자를 국가에 의존하는 '장애인'으로 바꿔놓을 것이라는 포드주의 주장을 지지했다. 1931년 미국노동총동맹 회의에서 회장 윌리엄 그린William Green은 흥분하여 기업가들이 지금 즉시 조직적으로 움직이지 않으면 파국적인 혁명이 머리 바로 위에 드리울 것이라고 경고했다.[6] 그러나 미국노동총동맹은 실업 대비 의무 보험을 지지하지 않았다. 대신 기계운전자조합의 댄 토빈Dan Tobin과 다른 용감한 노동조합원들이 이 보험을 지지했다. 사실, 사회 혼란이 야기한 압박이나 당시 전국에서 조직되어 지속적으로 일어난 실업자 시위와 투쟁 때문에 정치, 산업, 농업 분야에서 언제라도 혁명이 실제로 일어날 수 있다는 분위기가 팽배했다. 전국제조업자협회National Association of Manufacturers, NAM 회장은 "지금 일자리를 달라고 난리법석을 떠는 폭군들은 전 직장에서 파업을 한 적이 있거나 아예 일하기를 원하지 않는다. 이번을 기회 삼아 공산주의를 소리 높여 찬양하고 있을 뿐이다"라고 말했다.[7]

1932년 상원위원회에서 미국노동총동맹 보수파 대표 에드워드 맥그래디Edward F. McGrady는, 미국노동총동맹 지도자들이 인내심을 촉구하는 설교를 하고 있긴 하지만 아무런 후속 조치 없이 사람들이 계속 굶어 죽는다면 반란의 문이 활짝 열릴 것이라고 말했다. 행정 관료들은 실업자 투쟁을 종종 '범죄'라고 불렀고, 이는 당시 상황이 더 이상 지속될 수 없음을 분명하게 드러냈다. 정치 논쟁의 초석이라 할 수 있는 균형예산balancing the budget의 필요성까지 이의와 공격을 받기 시작했다. "균형예산 외에 B가 두 가지 더 있는데, 빵과 버터bread and butter를 제공하는 것이다"라는 맥그래디의 주장 역시 의미심장하다.[8]

상황이 이런데도, 큰 기업은 여전히 국가가 경제에 직접 개입하는 것을 원치 않았다. 거대 기업이나 거대 산업은 기본적으로 지난 120년간 여러 번 불황이 있었고, 경기 변동을 제거하는 가장 좋은 방법은 그것이 불가피함을 보여 주는 것이며, 정부는 관리만 할 뿐 경제에서 한 발 물러나 있어야 한다는 데 의견이 일치했다. 그들이 가장 동의하기 어려운 지점은 실업 수당이었다. 헨리 포드는 실업 보험이 실업의 존재를 항상 보장하는 역할밖에

하지 않는다고 주장했다. 남은 식당 음식을 실업자에게 주자고 제안한 사람들도 있었다. 물론 실업자는 남은 음식을 얻기 위해 농부가 기증한 나무를 공짜로 잘라줘야 했다! 헨리 포드(당시 히틀러에게 재정 지원을 했다고 인정한 상태였다)와 미국상공회의소Chamber of Commerce of the United States 회장은 이러한 견해에 동의했으며,9 이들 모두에게 가장 두렵고 골치 아픈 것이 바로 실업 수당이었다.

대책이 필요하다는 생각이 확산되면서 산업계와 재계는 오히려 처음으로 중대 돌파구를 마련하였다. 가장 판단이 빠르고 자본가와 정치 계급을 지지하는 이들부터 상황을 파악하기 시작했다. 1931년 리먼 브라더스 Lehman Brothers의 폴 마주르Paul Mazur는 "비극적이지만, 계획의 부재는 자본주의 체제의 특징이자 자본주의 체제에 참여한 모든 사람의 지성에 대한 불명예"라고 적었다.10 또, 버나드 바루크Bernard Baruch는 군수산업위원회를 거론하며 "정부의 허가 아래 산업 자치"가 가능하도록 독점금지법을 일시적으로 중지시킬 것을 서둘러 요청했다.11 당시 국가가 생산을 재개하고 통제할 책임을 확립하는 것이 불가피했다는 점을 고려하면, 이런 이야기들 역시 지나치게 일반적인 진술에 지나지 않았다. 이들이 현안에 대해 고심한 것은 사실이나, 국가가 전반적으로 제 기능을 되찾기 위해서는 '허가'만으로 충분하지 않다는 통찰력까지는 없었다. 국가는 스스로 경제 성장의 조건을 정의하고 추진하는 위치에 있어야 했다.

생산 계획의 첫 프로젝트는 생산과 소비를 조정하여 가격을 안정시키는 것이었다. 하지만 국가 형태는 물론이고, 다름 아닌 경제 구조가 이 계획 실행에 방해가 되었다. 결국 주어진 틀 안에서 생산을 광범위하게 조정하고 소비를 통제하는 일만 중요한 것이 아니었다. 사실 생산과 국가의 관계 못지않게, 노동력 재생산과 국가의 관계도 반드시 개혁이 필요했다.

후버는 별 어려움 없이 1932년 긴급구제법Emergency Relief Act을 통과시켰다. 표면적으로는 실업을 위해 기금을 할당하는 것처럼 보였지만, 실제로는 국가가 대형 은행을 통해서 보조금을 지급하는 방식으로 경제 안정을 꾀하는 시도를 한층 강화시키는 법이었다. 이 법률에는 공식적인 차원에서도 제도적 질서를 흔들 만한 반박이 단 한 줄도 포함되지 않았다. 여전히 실업은 대부분 지역의 책임, 또는 기껏해야 개별 주^州의 문제였다. 긴급구제법은 부흥금융회사를 통해 연방 정부에서 받는 대출의 형식으로 주^州정부가 구성원의 통합을 추진할 가능성을 열었지만, 이는 명목뿐인 조치에 불과했다.

펜실베니아 주지사 핀초는 1백만 명이 넘는 실업자를 위해 6천만 달러를 지출해도, 각자에게 돌아가는 몫은 일 년 동안 매일, 단지 13센트어치 식량뿐이라고 지적했다. 그가 4천5백만 달러를 신청했을 때, 부흥금융회사는 심의를 거듭한 끝에 약 1천백만 달러를 허용했다. 연말까지 3억 달러 중 3천만 달러만 구제에 할당되었고, 공공사업에는 심지어 더 적은 금액이 할당되었다.[12]

부흥금융회사의 오그덴 밀즈^{Ogden Mills}조차 부흥금융회사가 기본적으로 심리적 조치에 불과하다고 여겼다. 그는 "부흥금융회사가 존재한다는 사실만으로도 큰 심리적 효과를 누릴 것이다. 부흥금융회사를 빨리 만들수록 우리가 부흥금융회사를 사용해야 하는 경우는 줄어들 것이다"라고 말했다.[13]

부흥금융회사에서 근무 중인 사무원들 (1937년)

1932년에 다시 위기가 심화되자, 실업자와 재향군인이 광장으로 나왔고, 심지어 노동자도 위협적인 행진을 시작했다(3월 디어본에서 있었던 포드 기아 행진이 그 예다). 하지만 국가는 진로를 바꾸기는커녕 오히려 주州 방위군National Guard과 육군을 내세워 상황에 맞섰다.

뉴딜 : 최초의 복지 정책

루즈벨트의 뉴딜 정책은 케인즈의 제안을 실행에 옮겨 새로운 모습의 국가가 탄생하게 했다. 그러나 이는 2차 세계대전 기간에 군사비를 막대하게 지출하면서 비로소 가능해졌다. 전후에 파괴된 환경을 복구하면서 케인즈의 제안은 실제로 도약하기 시작했고, 이 기간 동안 노동계급과 자본주의 국가 사이의 관계가 역동적으로 작동하게 만드는 종합 계획이 형태를 갖추게 된다. 실업이 만연하고, 정치적 재구성이 전례없이 구체화되는 동안, 일자리와 임금이 보장된 노동자와 함께 실직 노동계급은 국가에 대대적으로 소득을 요구하였고, 국가가 노동자 재생산을 직접 책임지기를 바랐다.[14] 국가는 실업자 문제와 관련, 계급투쟁을 직접 규제하는 책임을 맡게 되었는데, 이는 나중에서야 산업별 노동조합을 시작으로 매우 복잡한 일임이 드러나게 된다. 앞서 살펴봤듯이, 1932년에 미국노동총동맹은 혁명이 임박했다는 종말론적인 예측만 내놓았을 뿐 실업 문제에 신경 쓰지 않았고, 산업별노동조합Committee for Industrial Organization, CIO조차 큰 관심이 없었다. 오직 국가만 실업 문제를 새로운 논란거리로 생각했다. 실업 문제는 국가가 노동력 재생산 과정을 담당하는 주요 주체로 나아가는 시작점이었다.

루즈벨트는 1933년에 취임했다. 1933년은 실업자가 전국적으로 약 1천5백만 명에 달하고, 주州 기금은 공공원조 지출로 바닥이 났으며, 주정부는 부흥금융회사로부터 실질적인 대출을 받을 수 없어서 고심하고 있던 때였다.[15] 공적 원조로 지급된 보조금은 가구당 하루 평균 50센트 정도였다. 일부 주에서는 거주민의 40퍼센트가 원조를 받았고, 몇몇 카운티는 거주민의 80퍼센트나 90퍼센트까지 수치가 올라가기도 했다. 어디든 기금이 부족했고, 실업자 시위는 걷잡을 수 없이 늘어갔다.

국가가 내놓은 첫 정치적 대응 단계를 흔히 회생 기간recovery period이라 부른다. 가능한 한 빨리 위기를 벗어나야 한다는 절박함에서 시작되었기 때문이다. 이 회생 기간에 나온 정치적 대책 중에서 많은 부분이 개혁 기간reform period, 즉 제2차 뉴딜second New Deal이 시작되면서 무효화되거나 번복되었다. 하지만 회생 기간과 개혁 기간은 정치적으로 연속선상에 있는데, 이 두 기간에 진행된 입법 활동이 공식적으로 유효하다는 점 때문만은 아니다. 초기 뉴딜의 핵심인 전국산업부흥법National Industrial Recovery Act, NIRA의 유명한 7a항과 제2차 뉴딜은 자본과 노동자 사이에 새롭게 정립된 관계를 국가가 받아들였다는 점에서 정치적으로 연결되어 있다.[16] 단체 교섭의 필요성이 공식적으로 확립되고 1933년부터 1937년까지 노동자 투쟁이 지속되자, 가장 크게 저항했던 자본조차 단체 교섭의 필요성을 받아들였다.

마찬가지로, 당시 국가는 실업자에게 소득을 지급해야 할 의무가 있었으므로 연방긴급구제국Federal Emergency Relief Administration, FERA과 사회보장법 역시 깊게 연결되어 있었다고 볼 수 있다. 직접 보조금 제공과 관련하여 연방긴급구제국이 변동을 겪은 시기를 거쳐 수많은 일자리 원조 프로젝트가 연방긴급구제국의 기금을 지원받은 후 사회보장법이 제정되기까지, 더 심화되고 다양한 모습의 항의 운동(앞서 언급한 노인들의 운동, 부를 공유하자 프로그램 등이 포함된다)이 계속되었다. 실업자, 청년, 노인은 초기 단계의 소득을 획득하였지만, 그 이상을 쟁취하기 위해서 또다시 투쟁하였다.

의회는 1933년 5월 12일 연방긴급구제국 신설을 통과시켰다. 정부가 실업자를 직접 책임져야 한다는 의무를 최초로 공식 확립한 것이다.[17] 이 목적을 달성하기 위해 정부는 국가 원조 기관을 설립하고 5억 달러를 배정했다.[18] 연방긴급구제국 설립은 국가가 대량 실업 사태 때문에 발생한 투쟁 및 사회 분열 압력에 대응하는 방식이 바뀌는 계기가 된 사건이었다. 동시에 4년 동안 투쟁이 지속적으로 발생 및 확산되었는데, 이는 잠재적으로 위험 상황이 일어날 토대가 구축된 것이기도 했다. 한 군데에서 직접 보조금을 대량으로 공급했기 때문에, 집결한 노동자의 직접 공격에 연방정부가 노출되었던 것이다.

1933년 8월 16일 시작되어 7만 명 이상이 참여한 뉴욕 재봉 노동자 총파업

정부가 같은 해 실시한 농업 정책은 생산을 줄여서 가격을 인상하기 위해 고안되었다. 그 결과 많은 소작농이 생산 과정에서 배제되어 공공 원조를 받는 처지에 놓였다. 테네시강유역개발공사Tennessee Valley Authority, TVA와 같은 기관은 고용 정책에서 흑인을 대놓고 차별했다. 그렇지만 연방긴급구제국은 상당히 중요한 발전을 이뤄내기도 했다. 첫째, 연방긴급구제국은 연방정부가 공적 원조 분야에서 책임 의무가 있음을 최초로 인정하였다. 둘째, 공적 원조의 개념을 '자격이 되는 홀어미의 고아 자녀들'이라는 전통적 범주를 넘어 '모든 실업자와 빈민, 그들의 피부양자'로 확대했다.[19]

보조금 수령인 범위는 너무 넓은 반면 보조금 지급은 한군데에서만 이뤄졌기 때문에, 국가는 수용량을 즉시 재편하려고 했다. 자본 입장에서는 소득 요구를 위해 사회적 결집력이 동원되는 것이 도움이 되지 않았다. 자본은 소득을 요구하며 사회 전체적으로 결집하려는 세력이 문제라고 생각했기 때문에, 오히려 이 요구를 수단 삼아 실업자를 사회적으로 통제하고 임금을 재분배하려고 했다.[20] 비록 고용을 재건하는 일이 "오래된 병을 지폐로 채우고, 폐광에 적당한 깊이로 그 병을 묻고, [그러고 나서] 지폐를 다시 파내는 것"에 불과할지라도,[21] 자본은 고용을 점차 재건하기 위해 노력을 기울여야 했다. 또한 가족을 노동력 재생산이 이루어지는 근본 장소로 복구시키는 임무도 있었다. 가족 간 유대감은 이미 많이 약화되었고, 남성은 가족이나 일과 너무 오랫동안 떨어져 있어 스스로 회복하기 불가능할 정도로 위태로운 상태에 있었다.

　　루즈벨트 정부 초기부터 가족을 복구하는 일이 생산 재개 문제와 함께 주요 쟁점이었다. 루즈벨트 정부는 1933년 6월 주택담보융자 자금을 제공하는 주택소유주대부법Home Owners' Loan Act을 승인했다. 가족이 거처할 곳도 없다면, 노동력을 재건하고 안정시키는 일은 불가능했기 때문이다.

　　또한, 주택소유주대부회사Home Owners' Loan Corporation, HOLC는

　　부동산 시장이 직면한 붕괴 위험을 피해 금융 기관이

담보대출사업으로 복귀하는 것을 가능하게 했다. 전국 어디서나 부동산 자금 조달 방법을 간소화하고 완화한 것이 그 본보기다. 가장 중요한 점은 수천 명의 미국인이 집을 지킬 수 있도록 함으로써 주택소유주대부회사가 기존 질서와 뉴딜 두 가지 모두에서 자기 지분을 강화했다는 사실이다. 정부가 취한 모든 조치를 통틀어 주택소유주대부회사는 루즈벨트 정부를 향한 중산층의 지지를 공고히하는 데 가장 크게 기여했다.[22]

연방긴급구제국이 소득을 직접 제공하는 동안, 첫 대규모 일자리 계획, 특히 1933년 11월에 설립된 토목사업국Civil Works Administration, CWA이 운영하는 계획을 위한 준비 작업이 시작되었다. 국가가 다양한 방법으로 위기에 대응하는 과정에서, 회생에 집중해야 할 때와 개혁을 시작해야 하는 순간을 매개하는 새로운 연결고리가 형성된 것이다. 이는 국가 자체의 기능을 다시 정의하는 것에 버금가는 일이었다. 국가는 후버 정부에서처럼 공공질서를 관리하고 분쟁을 조정하는 것을 넘어, 사회적 노동을 조직하는 주체로 변화하고 있었다. 회생은 소득을

미네소타주의 토목사업국(CWA) 노동자들이 하수구 정비 작업을 하고 있다.

즉각 대량으로 재분배하는 방식으로 전개되어야 했지만, 실업 규모나 투쟁의 확대를 고려할 때 개혁은 노동에 따라 소득을 재분배하는 방식으로 이루어져야 했다. 토목사업국은 4개월 동안밖에 유지되지 않았지만, 정점일 때 4십만 개 프로젝트를 후원하고 4백만 명을 고용했다. 토목사업국의 원조를 받은 사람 중 3분의 1가량이 2급 도로와 고속도로에서 일했다.[23] 하지만 루즈벨트 정부는 정부 개입이 돈이 너무 많이 든다는 점(따지고 보면 거의 10억 달러의 비용이 들었다)과 사기업에 피해가 가지 않도록 하는 적절한 방책이 없다는 점 때문에 비난을 받기도 했다.[24]

무엇보다 뉴딜은 국가가 소득을 직접 분배하는 역할을 강화하는 것과 함께 생산을 재개하는 것이 특징이었다. 그러므로 이후 수정되거나 무효화되기도 했지만, 연방긴급구제국을 다시 이전 상태로 돌아갈 수 없는 하나의 전환점으로 볼 수 있다. 반면, 사회보장법은 연방긴급구제국과 비교할 때 개혁 시기로 이행하는 것을 의미한다. 사회보장법은 소득 수령자 사이에 직업에 따른 계층화stratification를 명확하게 복구하려고 했는데, 특히 연금과 실업 수당이 그러했다. 사회보장법은 동시에 일할 수 없는 사람과 원조가 필요한 아동까지 범위를 넓혀야 했다. 위기와 뒤따른 투쟁으로 야기된 모순에 얽매여 돌이킬 수 없는 상황 속에서 국가는 노동력 재생산을 총체적으로 책임지게 되었다.

노동부 장관 및 경제보장위원회Cabinet Commission for Economic Security 의장을 지낸 프랜시스 퍼킨스Francis Perkins도 사회 보험을 위한 책략을 꾸미는 것보다 실업을 이겨내는 것이 더 중요함을 확신한다고 단언했다.[25] 토목사업국 프로그램은 1933년 12월 15일까지 실업자 4백만 명에게 일자리를 제공하는 것을 계획했는데 1월 중순에 이 목표치를 훨씬 초과했다.

1933년에 격렬한 공장 투쟁이 재개되었으나, "미국노동총동맹은 고용주와 사이좋게 지내는 것만 걱정하는 노인들이 이끄는 장례지도사협회, 즉 기능공들의 상조회 무리와 다를 바 없었다."[26] 공장은 이미 혼란에 빠져 있었고 노조는 모든 대표권을 상실했다. 이 상황에서 연방긴급구제국이 실업 수당의 필요성을 인정하지 않는 기업인들과 직접 충돌했다면, 토목사업국은 더욱 인기를 잃었을 것이다. 여기에는 다음과 같은 세 가지 이유가 있었다. 1) 직접 원조보다 큰 비용이 든다 2) 토목사업국 일자리 프로젝트가 사기업과 경쟁 관계에 있다 3) 임금 수준이 민간 부문보다 훨씬 높았는데, 특히 남부에서 그러했다.[27]

한편, 전국산업부흥법은(이 법의 유명한 7a조는 단체교섭권을 승인했지만, 이는 보편적, 실질적인 법규와는 한참 동떨어진 것이었다) 또한 몇 가지 영역에서 최저임금을 정하려고 노력했다. 적어도 이 노력의 의도는 성(性)과 인종에 근거한 차별을 끝내려는 것이었다.

1933년부터 국가가 지속적으로 주도한 모든 일자리 프로젝트에서 대다수 여성이 배제되었고 흑인이 심각하게 차별받았다.[28] 얼마 전에 확립된 노조 결성권조차 흑인 노동자에게 도움이 되지 않았는데, 그들은 노조에 가입조차 할 수 없었기 때문이다. 1935년 산업별노동조합이 설립되었지만, 흑인이나 집이 아닌 곳에서 고용된 여성에게도 자동으로 활짝 문을 연 것은 아니었다.[29] 산업별노동조합이 모든 산업 노동자를 대변한다는 수사적 표현을 썼을 때부터 실제로 노동자를 대변하기까지는,

산업계에 종사하는 흑인과 여성의 권력 차이가 변화하는 역사의 흐름이 존재한다. 흑인과 여성은 2차 세계대전 기간에 이르러서야 약간의 변화를 맛보기 시작했다.

흑인 문제에 관하여 제이콥슨Julius Jacobson은 산업별 노동조합이 직접 행동보다는 일반 정책 수준에서 인종평등이라는 명분을 더 많이 고수했음에 주목했다.[30] 발츠 마누치Loretta Valtz Mannucci는 이에 대해 자세히 설명한다.

> 산업별노동조합은 인종차별에 반대한다고 선언했지만 흑인이 이미 존재하는 곳에서 그들을 노동조합에 가입시키려고 시도만 할 뿐, 고용 정책이나 지리적으로 서로 다른 지역에 있는 개별 산업 현장의 자격 요건을 바꾸려고 하지는 않는다. 산업별노동조합 담당자들은 고용주와 마찬가지로 인종에 대한 편견을 가지고 있고, 이러한 편견에 공개적으로 반대하여 백인 구성원을 잃을 위험을 감수하려 하지 않는다.[31]

흑인을 차별한 원조 프로그램은 연방긴급구제국과 토목사업국뿐만 아니라 1933년 6월에 전국산업부흥법에 따라 조직된 뉴딜 기관인 공공토목사업국Public Works Administration, PWA도 있었다. 건설업 부문이 이 프로그램의 많은 부분을 맡아 도로와 공항 등을 만들었다. 그들은 건설 분야의 신기술을 이유로 들며 흑인을 고용하지 않았는데, 흑인이 자격 요건을 거의 또는 전혀 갖추지 못했다고 주장하였다.[32]

남부 시골 지역의 구제 프로그램은 백인 토지 및 주택 소유주들의 인종차별에 부딪혔고, 이들이 매우 독단적으로 원조를 배분했다. 따라서 원조를 받는 백인 가구 비율이 더 높았을 뿐만 아니라 흑인 가구가 받는 원조 수준도 차이가 컸다. 1935년 백인 가구의 17.2퍼센트와 흑인 가구의 10.9퍼센트가 원조를 받던 켄터키를 제외하고, 남부 10개 주에서 원조를 받는 흑인 가구 비율은 10퍼센트도 안되었다. 조지아의 90개 카운티 중 21개에서 원조를 받는 흑인 가구가 원조를 받는 백인 가구의 4분의 1에도 채 미치지 못했다.

남부 도시 지역에 사는 흑인 가구는 형편이 좀 나았다. 남부 16개 주州 도시 지역 및 컬럼비아 특별구에서 백인 가구의 4퍼센트에서 18퍼센트가 지원을 받은 데 반해, 흑인 가구는 22퍼센트에서 46퍼센트까지 지원을 받았다. 국경 지역 마을의 흑인 가구 절반 이상과 남부 도시에 사는 흑인 가구의 약 3분의 1이 원조를 받았다. 이곳에서 원조를 받는 흑인 비율이 백인보다 4배에서 7배 더 많았는데, 개별적으로 들여다보면 흑인 가구가 백인 가구보다 수당을 더 적게 받았음을 알 수 있다.

1935년에 남부 13개 도시에서 산출한 가구당 평균 수당은 흑인 24.18달러, 백인 29.05달러였다.[33] 흑인이 일자리를 구하기 어렵다는 사실이 더 공공연하게 표명되던 북부 도시에서는 원조를 받는 가구의 비율이 대략 52.2퍼센트로 추산될 정도로 매우 높았다.

하지만 공공사업진흥국Works Progress Administration, WPA이 설립되면서 흑인의 지위도 다소 개선되었다. 1937년 남부 11개 주에서 이뤄진 공공사업진흥국 일자리 계획의 총 고용 인원 중 23.3퍼센트가 흑인 노동자였다. 이 비율은 이후 4년 만에 남부에서 26.1퍼센트로 올랐다(국가 전체로는 16퍼센트로 올랐다).[34]

민간인보호단체Civilian Conservation Corps, CCC에서 흑인은 하찮은 존재였다.[35] 다시 말하지만, 이는 남부 원조 기

〈노동이 미국을 돈 벌게 한다〉는 제목의 공공사업진흥국 홍보 포스터 (1936년 에서 1941년 사이에 배포되었다.)

관의 차별적 관행 때문이다. 흑인 가구는 대신 농업안정국Farm Security Administration, FSA에서 혜택을 받았으나, 남부에 사는 흑인 농부 규모에 비례하는 정도는 아니었다. 전체 농부의 37퍼센트가 흑인이었지만 농업안정국에서 대출 받은 흑인은 전체 대출자의 23퍼센트에 불과했다. 또한 소작인이 집을 살 수 있게 할 목적으로 만들어진 농업안정국 융자 계획이 흑인에게 약간의 혜택을 주었다. 흑인 가구 약 2천 세대가 이 혜택을 받았다. 1939년 농업안정국은 그 해 설립된 임대협동조합 형태로 흑인 농부에게 원조를 제공했다.[36] 1940년 농업안정국의 '홈스테드 프로젝트'homestead project 32개에 남부 13개 주가 참여했고, 여기에 흑인 가구 약 1천4백 세대가 포함되었다.

적어도 프로그램 참여도가 더 높았던 북부 도시에서 1935년 이전까지 흑인 가구가 받은 가장 중요한 보조금 형태는 빈곤모자가정을 위한 보조금이었다. 이 보조금을 시작으로 1960년대 흑인 여성이 새로운 힘을 가지고 복지권 운동Welfare Rights Movement에 참여하여 원조를 받는 가정과 국가의 관계를 더 높은 수준으로 끌어올렸다.

그동안 원조를 받는 사람의 비율 구성이 변화했다.

새롭게 원조를 받는 이들 중에서 4년간의 실업으로 저축한 돈을 다 써버리고 더 이상 사채도 빌릴 수 없는 사무실 노동자가 가장 큰 비율을 차지했다. 구제업무를 하는 노동자들 사이에서는 그렇게 광범위한 수준으로 소득을 분배한 결과 어떤 일이 발생할지 우려하는 목소리가 높았다. 한쪽에서는 "공산주의자들은 농부들 사이에 자리를 잡아 비버처럼 일하느라 아주아주 바쁘다"로 표현되듯이 공산주의자에 대한 해묵은 두려움이 있었다.[37] 다른 한쪽에서는 "더 많은 일을 해줄수록 더 많이 요구한다"며 지원을 받는 이들이 "공짜를 요구하는 사람들"로 변하고 있다고 보았다.[38] 1960년대와 달리 사회복지사는 대부분 여성이 아니라 남성이었는데,[39] "그들은[지원을 받는 사람들은] 토목사업국을 그들이 마땅히 받아야 할 것으로 …… 정부가 실제로 그들에게 빚을 지고 있다고 여기기 시작했다. 그리고 그들은 더 많은 것을 원한다"[40]라고 말했다. 또한 남부의 대규모 농장 주인은 원조 제공으로 "값싼 흑인 농장 노동자를 구하는 것이 불가능하게" 되었다며 불평을 늘어놓았다.[41] 한 농부는 괴로워하며 조지아 주지사에게 다음과 같은 글을 남기기도 했다.

"배수로 파는 시늉을 하면 1.3달러를 벌 수 있는데 하루 종일 50센트 벌자고 해가 떠서 질 때까지 노새를 끌며 밭을 갈지는 않을 겁니다!"[42]

연방긴급구제국이 평균 이하 임금을 제공하며 원조를 제한해야 했던 반면, 토목사업국은 이유야 어찌 됐든 원조를 거절한 실업자도 돕고 정기적으로 임금을 받는 일자리(주 30시간 노동)도 제공해야 한다고 주장했다. 토목사업국의 일자리 프로젝트는 우선 고용 가속화를 목적으로 선정되었다. 게다가 연방긴급구제국이 주정부 활동을 재정적으로 지원하는 것에 그쳤다면, 토목사업국은 직접 프로그램을 고안하고 시행했다. 연방긴급구제국은 일자리를 잃은 사무실 노동자를 위한 프로젝트를 포함하여 토목사업국 프로그램의 주요 부분을 수행하기도 했다. 1934년 연방긴급구제국은 연방잉여농산물구제회사Federal Surplus Relief Corporation와 같은 독자적 프로그램을 새롭게 개발하고, 이를 통해 시골 지역에 쌓여 있던 농산물을 도시에 분배할 수 있었다. 그러나 민간 부문이 즉시 불공정 경쟁 혐의를 제기해서 이 프로그램의 효과는 총 2억 6천5백만 달러 상당의 잉여농산물 배포에 그

칠 수밖에 없었다.[43] 1935년 연방잉여농산물구제회사는 농업조정관리국Agricultural Adjustment Administration, AAA에 흡수되었다.

연방긴급구제국이 수행한 또 다른 일도 평판이 좋지 않았다. 바로 실업자가 독립적으로 생산할 수 있도록 지원하는 일인데, 산업계에서 즉각 반발했다. 대공황 기간 동안 경제적 자립의 한 형태로 실업자가 자발적으로 재화와 서비스를 교환하는 흐름이 생겨났다. 한때 이러한 독립 생산가들이 생활에 필요한 물품을 제조할 수 있게 필요한 장비를 제공해 달라고 주정부에 요청하기도 했다. 오하이오주가 처음으로 공장 6개를 제공하여 독립 생산가의 노력에 도움을 보탰다. 곧 다른 주도 오하이오에 이어 원조를 제공했고, 남녀 실업자는 옷, 난로, 가구 등을 직접 만들었다.

1934년에는 전국 5만 가구가 이러한 종류의 자립 협동조합 구성원으로 추산되었다. 자립 협동조합은 1934년 가을 긴급일자리구제프로그램Emergency Work Relief Program에서 지원을 받은 일자리 중 15퍼센트에 해당했다. 기업가들이 적대적인 태도를 보였기 때문에 연방긴급구

아칸소주에서 열한 명의 자녀와 캘리포니아주로 이주하여 정부의 농가갱생 사업의 수혜자가 된 여성 (1938년)

제국은 자립 협동조합에 2년간 3백만 달러를 약간 넘는 금액만 지급할 수 있었고, 이마저도 1935년까지 계속해서 감소하였다. 하지만 이러한 종류의 생산은 여러 일자리 프로그램의 간접 후원을 많이 받았다.

연방긴급구제국은 이미 농업 구조물이 있는 시골 지역에서 구조물을 보강하기 위하여 특수 서비스(한 예로 농가갱생과Rural Rehabilitation Division를 들 수 있다)를 제공하기도 하였다. 또한 루즈벨트가 꿈꿨던 탈중심화된 산업과 작은 자립 농장들로 이루어진 자작 농장이 바탕이 되는 농업 공동체 실현을 돕는 역할도 했다. 토목사업국이 1934년에 해체되었을 때(고용주의 이익 보장이 주요 원인이었다), 연방긴급구제국은 여전히 몇 가지 역할을 간신히 수행해 나가고 있었다.

1933년에 설립된 공공토목사업국은 활발하게 활동해서 더 큰 구제 사업 계획에 착수하였다.[44] 공공토목사업국은 무슨 수를 써서라도 많은 양의 임금을 원상회복하려고 했지만, 일의 속도는 매우 더디었다. 여기에는 사회정치적 요인보다 경제적 요인이 더 크게 작용했다. 공공토목사업국은 "도로와 고속도로, 하수와 상수 체계, 가스 공장과 전력 발전소, 학교와 법원, 병원과 교도소, 댐과 운하, 간척과 관개 프로젝트, 제방과 방수 프로젝트, 교량과 고가교, 부두와 터널을 지었다."[45] 공공토목사업국은 "눈부시게 개선된 국가의 부동산"을 일으켰다고 평가받았다.[46] 그러나 루즈벨트 주변 정치인이 모두 똑같이 이러한 국가 투자에 열광했던 것은 아니다. 예산담당관 루이스 더글라스Lewis Douglas는 "정부 지출이 거듭 쌓이는 것을 보니 화폐 인플레이션은 불가피하고 그 결과 중산층은 파괴될 것이다"라고 불만을 토로했다.[47] 1934년 루즈벨트는 "연방정부의 직접 구제는 지정된 기일에 끝나야 하고, 그 후에 이어지는 직접 구제는 모두 지역 정부가 제공하는 극빈자 구제이며, 워싱턴은 대규모 공공 일자리 창출에 노력을 기울여 고용 가능한 노동자 모두에게 일자리를 제공하는 데에 집중할 것"이라며 입장을 정리했다.[48]

이후 공공사업진흥국을 설립, 공공 기반 시설 프로젝트에 일자리를 제공하였고(사기업과 경쟁하지 않는 분야), 구제 임금보다 높고 사업체나 산업 전반에서 확립된 임금보다 낮은 '보장 임금'security wage을 주었다. 보장 임금의 기준은 토목사업국이 '가족 부양'을 고려하여 설정했던 기준과 상반된 것이었다. 공공사업진흥국은 대략 실업자 3백만 명에게 일자리를 제공할 목적으로 설립되었는데, 그와 동시에 임금 계층화 장치도 수립했다.

'보장 임금'은 기술과 지역에 따라 다르고 월 19달러에서 94달러로 다양하였다. …… 처음에는 지역에서 지배적으로 통용되는 것보다 시급이 낮았지만, 1935년 노동조합이 격렬하게 시위를 벌인 후에는 근로 시간이 줄어 시급이 지배적으로 통용되는 수준까지 올랐다.[49]

실제로 공공사업진흥국은 일자리 2백5십만 개를 제공하였다. 여기서 일자리를 찾지 못한 구직자는 다시 지방과 주정부 몫으로 돌아갔다.

뉴딜 : '사회 보장' 체제를 향하여

제2차 뉴딜 기간 동안 사회 원조 및 보장 체계가 제

도 틀과 함께 발전하였다. 노동자 투쟁이 어떠한 과정을 거쳐 이 제도 틀을 변화시켰는지 더 잘 이해하기 위해 노동자 투쟁에서 일어난 몇몇 흥미로운 부분을 살펴보자.[50] 1932년 디어본 사태 이후 몇 년간, 특히 1933년과 1934년에 노동자 투쟁이 격렬하게 재개되었다. 노동자는 개별 자본가 및 국가 기구의 강한 반발에도 전국산업부흥법 7a조항을 충분히 이용했다. 집합적 자본이 강하게 반발한 사실은 집합적 자본이 자신의 관점을 내세우기가 힘들어졌음을 방증하는 것이었다.

전국산업부흥법은 1933년 6월에 통과되었다. 전국산업부흥법은 노동자가 "집단을 조직하고, 스스로 선택한 대표를 통해 단체 교섭을 할 수 있으며, 고용주의 간섭, 제재, 강압으로부터 자유로울" 권리와 함께 최저임금 및 최대 노동시간에 관한 원칙을 확립했다.[51] 법안이 통과되자마자 공장 투쟁이 더 격렬하게 전개되었다.

1933년 하반기 파업 횟수는 1932년 전체 횟수와 동일했고, 투쟁에 참여한 노동자 수는 1932년의 3.5배였다. 1934년 파업 횟수는 1,856회, 노동자 150만 명이 참여했는데, 이는 고용 노동자의 7퍼센트를 넘는 수치이다. 결과적으로 분쟁 횟수가 특별히 높지는 않았지만, 대형 산업 및 범주에 속한 철강 및 자동차 노동자, 태평양 연안항만 노동자, 북서부 목재 노동자, 가장 앞에서 제일 큰 목소리를 낸 거의 50만 명에 육박하는 섬유 산업 노동자가 참여하였다. 이들은 주 30시간 노동, 최저임금 13달러, 연장 노동 폐지(섬유 산업의 능률 촉진), 직물 노조연합United Textile Workers 승인을 요구하였다.52

이러한 투쟁의 결과, 상원의원 로버트 와그너Robert Wagner가 1935년 7월 5일 와그너 법Wagner Act으로 더 잘 알려진 전국노동관계법National Labor Relations Act을 발의했다. 전국노동관계법은 노동자의 단체교섭권 및 파업권을 재확인했고, 더 나아가 이를 존중하지 않는 고용주에게 제재를 가할 기제를 마련했다. 이를 위해 전국노동관계위원회National Labor Relations Board가 세워졌으며, 위원회는 직접 행동 또는 통상 재판을 통해서 고용주가 전국노동관계법을 준수하도록 강제할 힘을 가졌다. 또 다른 2년간의 투쟁과 1937년 공장 점거 공세가 있은 후에야 연방

캘리포니아주의 파업하는 멕시코인 농장 노동자들 (1933년)

대법원은 와그너 법이 헌법에 위배된다는 고발을 기각, 고용주에게 태도를 바꾸도록 장려했다.[53]

　1935년은 흔히 뉴딜이 '도약한' 해로 일컬어진다. 1935년은 확실히 국가와 노동계급이 더 직접적인 관계를 맺게 된 해였다. 산업별노동조합이 1935년에 설립되었고, 애틀랜틱시티에서 열린 총회에서 존 루이스John Lewis가 목수 대표인 윌리엄 허치슨William Hutcheson에게 주먹을 날린 유명한 사건이 일어났다. 즉흥적이기보다는 사전에 계획된 것처럼 보이는 이 사건은 오래된 미국노동총동맹 직업별 조합AFL craft union과 새로운 산업별 조합CIO industrial union의 결별을 의미했다. 산업별노동조합은 처음에 미국노동총동맹의 한 지부로써 대규모 분야의 단결을 촉진하는 역할만 담당하였다. 행정위원회Executive Council는 1936년에 산업별노동조합과 제휴한 노조연합 열 곳을 정지시켰는데, 그 인원이 총 1천만 명에 달했다. 공장 및 다른 장소에서 점거 사태가 일어났던 1937년에 산업별노동조합 지부 수는 미국노동총동맹의 지부 수를 넘어섰고,[54] 1938년에는 산업별노동조합이 산업별조합회의Congress for Industrial Organization로 변경되었다. 실업자 투쟁이 국가와 계급의 관계를 어느 때보다도 가까워지도록 만들었고, 국가와 계급은 더욱 직접적인 관계를 맺게 되었다. 미국이 국가로서 노동력 재생산을 책임지는 첫 단계는 주로 소득을 직접 공급하는 일이었고, 이 시점에 이르자 이러한 국가의 책무에 후퇴는 없었다.

대공황 초기 몇 년이 지난 후 격렬하게 폭발한 실업자 투쟁과 공장 투쟁이 교차하는 지점에서, 국가는 노동자 관리에 관한 질문에 새로운 대답을 내놓을 수밖에 없었다. 실업자 투쟁은 간신히 일자리를 유지하고 있던 노동자에게 하나의 지표를 제공했다. 그 지표를 바탕으로 노동자는 해고 규제를 위해 투쟁하여 해고가 분명하고 객관적인 기준에서 이루어지도록 했고, 무엇보다도 연공서열 준수를 요구하였다. 모든 노동자가 매일 직업 불안정성이라는 위험을 안고 산다고 인식되던 때에, 노동자의 이러한 행동은 고용주와 상사가 가진 해고 및 해임 의지에 종지부를 찍는 것을 의미했다. 또한 당시 산업 노조의 노력으로 연공서열 규칙이 미국 노동자의 생활을 규정하는 특징이 되었다.[55] 이를 바탕으로 노동자는 더 이상 개인적인 대책에만 의지한 채 일자리를 잃거나, 어떤 지원도 받지 못하며 나이 들어가는 것을 걱정하지 않아도 되었다. 임금이 설사 높다 해도 그것만으로 삶의 안정을 보장하기에는 부족했다. 젊은 남성이 일자리를 잃는 순간, 빈틈없이 지출과 저축을 관리하는 아내, 그리고 노인을 부양하는 자녀들로 구성된 가족은 사라질 가능성이 높았다. 사람들은 국가가 이 위험을 책임질 것을 요구했고, 사회보장법은 이러한 상황에서 일대 전기를 마련했다.

1935년에 제정된 사회보장법은 실업자, 노인, 근로 불가능 상태인 사람에 대한 국가의 책임 및 아동(주로 한부모 가정)에게 원조를 제공해야 할 필요성을 분명히 밝히고 있다. 연방정부의 재촉으로 개별 주에서 실업 관련 프로그램이 활성화되어, 고용주는 지불된 임금에 비례하는 일정 몫을 주정부에, 또 다른 일정 몫을 연방정부에 내야 했다. 연방정부에 지급된 몫으로 국가 기금을 조성하였고, 프로그램 자체의 행정 비용을 충당하기 위해 개별 주州가 원조 기금을 사용할 수 있게 하였다. 하지만 주로 산업과 상업계 노동자만 이 보험 체계의 보장을 받았다.[56]

연방정부가 최초로 노인 연금 체계를 만들어낼 책임

을 맡았고, 연방사회보장국Federal Social Security Board이 노인 연금 체계를 관리했다. 고용주와 노동자가 낸 개인부담금을 기반으로 65세부터 연금을 지급했다. 그러나 농업 노동자, 가사노동자, 선원, 임시 노동자, 공무원(연방과 지역 정부), 종교, 자선, 과학, 문학, 교육 기관 종사자와 같은 몇 개 범주는 여전히 제외되었다. 1937년에 개인부담금에 기반을 두어 연금이 시작되었지만, 1942년에서야 징수가 가능했다. 1934년 철도종업원퇴직법Railroad Employees' Retirement Act을 통해서 이미 대책을 마련한 철도노동자를 위해서는 독립된 연금 계획이 세워졌다.

1942년 전에 이미 노년에 들어섰거나, 가난한 사람 또는 새로운 체계하에서 연금을 받을 자격이 안 되는 이들은 대신 노령원조프로그램Old Age Assistance Program의 보장을 받았다. 노령원조프로그램을 통해 연방재무부Federal Treasury가 주정부에 보조금을 지급하였고, 주정부는 연방사회보장국이 관리하는 연금 프로그램에 들어가지 못한 노인을 위해서 조치를 취할 수 있게 되었다.[57]

실업자나 노인을 위한 지원과 함께 빈곤 아동을 위한 지원도 유자녀원조를 통해 도입되었다. 신체장애인,

맹인, 영구적으로 일할 수 없는 사람을 위한 지원도 있었다. 특히 건강과 관련한 서비스가 많이 시작되었다.[58]

일차적으로 부양 자녀가 있는 홀어머니를 위해 고안된 어머니 연금과 비교하면 유자녀원조 확립은 복지가 상당히 확장되었음을 의미했다. 유자녀원조는 대부분 한부모 가정에서 자란 궁핍한 아동을 보장했고, 연방정부가 보조금 대부분을 직접 지급했다.

앞서 살펴보았듯이 어머니 연금의 입법은 대공황 이전에 특히 중요했는데, 무엇보다 이후 원조 공급의 기준이 되었다는 점에서 의미가 크다. 그런데 어머니 연금 지원 대상을 선정하는 방법은 몇 가지 한계를 가지고 있었다. 예를 들면, 어떤 지방 정부는 성과를 기반으로 하는 접근법을 사용하여 지원금을 분배하려고 했다. 즉, 객관적인 빈곤 상태보다는 어머니의 선행을 평가했다. 가족을 구하는 일이 아니라 '복구하는' 일을 더 고민한 결과, 연금 수급권자의 범위는 계속 좁고 제약이 많은 채로 유지되었다.[59]

아동 돌봄 체계가 한 발짝 앞으로 나아갈 수 있었던 것은 분명 어머니들이 대대적으로 정부 기관에 압력을 행사했기 때문이다. 어머니들은 남성의 임금에만 의지할 수는 없다고 생각했다. 어머니 투쟁은 이후 1960년대에 확립된 투쟁의 새 국면을 마련했다는 점에서 매우 중요하다. 1960년대 여성은 정부로부터 받는 돈에 '지원'이라는 꼬리표가 붙는 것을 거부한다고 천명하면서, 대신 이 돈이 자녀 양육이라는 노동에 대한 임금임을 주장하였다.[60] 1970년대는 위기의 시대이자 투쟁의 흐름이 거세지 않던 때였지만, 여성은 자녀 양육 분야에서 모성이 가족 제도에 속박되는 것을 계속해서 거부하였다.[61]

연방정부뿐 아니라 지역 및 주정부의 원조 책임에 관해서 주목할 만한 또 다른 변화는 다양한 장애인에게까지 책임이 확장되었다는 점이다. 비록 부분적일지라도, 정부는 일시적으로 실직한 이들뿐만 아니라 아예 일을 할 수 없는 이들을 위해서도 노동력 재생산을 책임졌다.

실업자, 노동자, 여성이 함께한 투쟁의 충격에 직면하여, 국가가 소득을 보장하는 방식으로 대응한 것이 사회보장법이다. 사회보장법은 재생산 보장을 위한 기제를 최초로 확립·조정하였는데, 이 기제는 생산 주기와 직접적으로 관련이 없는 시기의 능동적인 노동력뿐만 아니

파업 현장의 아이들과 여성들. 피켓의 문구는 '우리 엄마의 피켓라인을 넘지
마', '우리 엄마는 파업 중', '학교 끝나서 엄마를 돕는 중' 등이다. (1958년)

라 생산의 외부에 존재하는 노동력 부문에까지 영향을 미쳤다.

하지만 이러한 국가 대응은 바로 직후인 1937년 연방대법원이 마침내 최저임금 문제에 항복할 수밖에 없었다는 사실과 함께 파악하고 이해해야만 그 중요성을 확실히 알 수 있다. 1938년 공정노동기준법Fair Labor Standards Act, FLSA에 따라 시간당 최저임금을 25센트에서 40센트로 7년 이내에 상승시키기로 확정하였다.[62] 주당 최대 노동시간 또한 1939년 44시간에서 1941년 42시간으로, 이후 모든 노동자에게 40시간으로 줄어들었다.

공정노동기준법의 입법 과정을 보면 노동계급이 자본주의 국가에 상당한 변화를 야기했음을 알 수 있다. 그러나 노동계급이 자본주의 국가에 변화를 불러온 입법 과정은 공정노동기준법이 마지막이었다. 실업자 투쟁은 노동자 투쟁에 새로운 힘, 무엇보다도 새로운 시각을 촉발시켰다. 개별 자본가들이 확실하게 항복하고 국가의 새로운 기능과 형태를 받아들이도록 만든 것은 바로 이 제헌권력이다. 이 기간에 자본과 계급 사이의 갈등은 투쟁 분야를 객관적으로 확장시켰고, 갈등 상황 속에서 새로운 국가 활동을 위한 기초를 다졌다. 특히 사회 원조와 사회 보장은 향후 수십 년간 자본가와 노동자라는 두 전선 사이에서 발생할 갈등의 주요한 주제가 되었다. 또한 노동자가 가족 안에서만 유일하게 재생산을 하는 시기도 여기에서 끝난다. 대공황을 기점으로 가족이 재생산을 하는 유일무이한 장소가 더 이상 아니었기 때문이다. 국가는 스스로 재생산 기능을 발전시킬 수 있는 가능성을 지니게 되었고, 가족은 이를 위해 꼭 필요하며 절대 변하지 않는 하나의 축을 담당하였다.

5장

여성과 가족,
복지, 유급노동

뉴딜 프로젝트를 시행하는 동안 국가는 가족 제도를 강화하려고 했다. 이 과정이 어떻게 진행되었는지 알아보려면, 우선 논의의 초점을 사회 원조 및 사회 보장에서 노동 시장 및 남녀의 상대적 고용 구성으로 확대시켜야 한다. 또, 여성이 대공황 시기에 어떻게 투쟁하고 저항하였는지도 살펴봐야 한다.

가족 제도가 1930년대에 실제로 강화되었다고 보기는 어렵다. 그보다는 가족 제도 강화라는 목표를 달성하기 위한 과정 중에 있었다고 보는 편이 맞다. 2차 세계대전이 벌어지는 동안 혹은 전쟁이 끝나고 나서 뉴딜이 실제로 효과를 나타내기 시작했지만,[1] 가족 제도 강화는 전쟁 중에 일시 중단될 수밖에 없었다. 전쟁이 일어나면서 많은 여성이 가정 밖에서 일하게 되었고 가사노동과 외부 노동 사이에서 해결 불가능한 모순을 경험했기 때문이다. 1950년대에 국가는 여성을 노동 시장에서 배척하는 정책으로 복귀하여 가족 제도를 한층 더 강화하려고 애썼지만, 여성이 한 번 경험하기 시작한 모순적인 상황은 결코 사라지지 않았다.[2]

대공황과 여성의 저항 및 투쟁 활동

대공황 발발 이후 암울했던 시절에도 여성은 항상 '근무 중'이었다. 비록 여성이 대공황 기간이나 그 직후에 구제 영역을 주도하는 세력이 아니었고, 주로 '가족을 지키기 위해' 움직였지만 '근무 중'이라는 상황은 변함이 없었다. 미국 여성은 같은 기간 유럽 여성만큼 갇혀 지내지 않았기 때문에 실질적으로 자신을 가족과 동일시하지 않았다. 이러한 맥락에서 미국 여성이 가족 안팎에서 종종 매우 단호하게 자신만의 생활환경을 지키려고 했다는 점은 매우 흥미롭다.

여성의 경험 가운데 두 가지 주요한 영역을 살펴봐야 한다. 첫 번째는 집 밖에서 고용되지 않았던 대다수의 여성으로, 이들은 구제 프로그램이나 고용주에 의존하는 남성 옆에서 함께 싸웠다. 두 번째는 집 밖에서 일했던 여성으로, 이들은 대규모 세력을 형성할 수 없었기 때문에 흑인 공동체와 마찬가지로 재계층화restratification라는 대가를 치러야 했다. 이는 능력이 아니라 인종과 성을 기반으로 계층을 부여하는 것이다. 첫 번째 그룹부터 살펴보자. 그들은 공장 점거 노동자가 기꺼이 벗어나고 싶어 했을, 파인Sidney Fine이 묘사한 "잔소리하는 아내와 시끄럽게 울어대는 자식들"은 분명 아니었다.3 지금은 남성 노동자들이 점거한 공장 주변에서 아내들이 어떤 활동을 하였는지 상당히 잘 알려져 있다. 1936~1937년 플린트 연좌농성Flint Sit-down Strike으로도 알려진 플린트 소재 제너럴 모터스General Motors 공장 점거 사태를 보자. 1937년 새해 전날 밤 피셔 바디 2번 공장Fisher Body No. 2 앞에서 벌어진 거리 댄스는 남성뿐만 아니라 여성도 공장 투쟁이 불러온 새로운 사회관계에 동참했음을 보여 주었다. 여성 50여 명은 여성보조단체Women's Auxiliary를 결성하여 공장 안팎에서 남성을 지원했다.4 여성보조단체는 피켓 라인을 구축하고, 파업에 참여한 어머니를 위해 어린이집을 만들었으며, 식량과 돈을 모았고, 연좌농성을 하는 '홀어머니들', 즉 파업을 하느라 몹시 쇠약해진 여성을 만나 결집할 수 있도록 격려하는 일을 떠안았다.

제노라 존슨Genora Johnson은 23세로 투쟁 지도부 중 한 명의 아내였는데, 여성보조단체 외에 필요한 경우 남성과 함께 싸울 '용감한 여성들'로 이뤄진 또 다른 단체

미시간주 플린트의 피셔 바디(Fisher Body) 공장 연좌농성의 여성보조단체 시위 장면 (1937년)

를 만들기로 결심했다. 50명이 자발적으로 모였고, 금세 350명을 넘었다. 이렇게 여성비상단체Women's Emergency Brigade가 결성되었다. 여성비상단체는 반¥군대식 규범에 따라 총사령관 제노라와 지휘관들로 구성되었다. 제노라는 "우리는 남자들 둘레에 열을 지을 것이다. 경찰이 발포하기를 원한다면 먼저 우리에게 총을 쏴야 할 것이다"라고 선포했다.5

디트로이트, 클리블랜드, 톨레도에서 비슷한 조직이 창설되었고, 공장에서 교전하고 있는 남성에게 큰 영향을 주었다. 파업과 공장 점거는 여성 조직이 뒷받침해 주지 않았다면 그토록 오랫동안 지속될 수 없었을 것이다. 파업을 지속하기 위해서 여성 조직은 가사노동 방법을 철저히 바꿔야 했고, 점거 과정에서 일련의 전략도 만들어 냈다.

플린트에서 노동자의 아내들은 세계 여성의 날International Women's Day 시위를 가장하여 공장 점거를 향한 경찰의 주의를 따돌렸다. 여성 14명이 공장으로 점심 식사를 가져오다가 부상을 입었다. 여성들은 밖에서 창문을 깨뜨려 공장 안에 있는 사람이 최루 가스에 질식되는 것을 막았고, 의료 지원을 위해 독자적인 조직도 만들었다. 이러한 경험을 통해 여성은 확실히 스스로가 변화했음을 느꼈다. 한 파업 노동자의 아내는 다음과 같이 말했다. "나는 처음으로 확고한 목표가 생겼다. …… 여성이라는 것만으로는 더 이상 충분하지 않다. 나는 나 자신을 위해서 사고할 권리를 가진 한 명의 인간이 되고 싶다."[6] 파업 종료 후 몇 주가 지나서 또 다른 여성이 말했다. "어제까지만 해도 노동조합주의unionism라면 겁에 질렸던 여성들, 조직하고 연설하고 지휘하는 일에 열등감을 느꼈던 여성들이 마치 하룻밤 사이에 노동조합주의 전투의 선봉에 선 것 같았다."[7] 이 이야기는 전형적이긴 하지만 명료하고 힘이 있어서 좀 더 깊게 들여다볼 필요가 있다. 가장 흥미로운 것은 반半군대식으로 조직된 '용감한 여성들'의 행동이 집 안에 머물며 남성에게 통제받던 삶을 끝내는 중대한 기점이 되었다는 점이다. 이뿐만 아니라, 공장 투쟁을 지원하는 여성들이 단호한 의지를 가지고 파업이 가사노동을 심화시키는 방향으로 이어지지 않도록 했다는 점 역시 주목할 만하다.

플린트에 위치한 제너럴 모터스를 점거할 때 여성은

단단히 협력했다. 반면, 일리노이주 블루밍턴에서는 사정이 달랐다. 파업 노동자 아내들은 점거 공장에 가서 남편이 돈을 더 주기 전까지는 식사 준비, 설거지, 심지어 현관 벨소리에 대답하는 것마저 거부했다. 당시에 일어났던 여성 투쟁에 관한 정보가 부족하긴 하지만, 이런 일이 단발적인 사례라고 보기는 어렵다.[8] 게다가, 여성이 집을 나와 단순히 남성 옆에만 머물렀던 것이 아니다. 그들은 집안에서 가사노동의 강도가 심화되는 것을 지켜만 보지는 않을 것이라고 다짐했고, 따라서 남성과 구제 기관을 향해 단호한 결의를 공표했다.

1937년은 남성 노동자뿐만 아니라 여성도 전국에서 연좌농성을 이끌던 해였다. 여성은 구제 기관, 공장, 사무실, 카페, 술집, 그리고 다른 많은 업무 현장에서 연좌농성을 벌였다. 집 밖의 노동을 위한 교섭과 함께 생활 여건, 즉 가사노동 환경을 위해서도 교섭이 활발하게 진행되던 해였다. 디트로이트에서는 여성 35명이 구제 사무실에 방어벽을 치고서 관리자를 해임할 것, 위원회가 새 관리자를 만나 구제 받을 가족의 자격 요건을 결정할 것을 요구했다. 같은 해, 젊은 여성 13명이 디트로이트에 있는 또 다른 구제 기관을 점거하였는데, 그들은 일자리를 얻기 위해 이 기관에 등록비를 냈지만 아무런 일자리도 얻지 못한 터였다. 뉴욕에서는 주택 및 재산 징수에 반대하여 남녀를 가리지 않고 구제 기관을 점거하였다. 사람들은 화재 때문에 구제 기관을 점거하기도 했는데, 화재 발생 후 그들은 항상 돈과 물자를 요구했다. 브롱스에서는 여성 24명이 경찰 25명에 대항하여 점거 시위를 벌였고 이웃이 퇴거당하는 것을 막았다.[9]

여학생들은 심지어 학칙에 반대하기 위해 연좌농성을 벌이기도 했다.[10] 연좌농성은 특히 상점에서 자주 일어났는데, 상점은 파업이 일어나면 직원을 쉽게 교체했기 때문이다. 실제 뉴욕 울워스Woolworth 상점 두 군데에서 여성들이 연좌농성을 하였고, 에프 앤 더블유 그랜드F. & W. Grand 대형 창고에서도 마찬가지였다.[11] 피츠버그에 있는 씨 쥐 머피C. G. Murphy 가게에서는 여성 점원 150명과 창고에서 일하는 남성 직원 25명이 앉을 의자가 없어 "팔짱을 낀 채 파업"을 계속하면서 임금 인상과 노동시간 단축을 요구했다.[12] 서비스 부문에서도 점거와 파업이 발생했는데, 동네 세탁소(여성 35명이 듀러블 론드리

1937년 2월 27일 토요일 오전 11시, 노조 활동가 플로이드 로우(Floyd Loew)가 호루라기를 세게 불며 "파업! 파업!"을 외쳤고, 각 부서의 150여 명의 판매원들은 노동을 멈추고 팔짱을 끼었다. 이들의 요구는 노조 인정, 시급 10센트 인상, 하루 8시간 노동, 무료 유니폼과 세탁 제공 등이었다. 파업은 전국의 신문 헤드라인을 장식했고, 디트로이트에서는 다른 서비스 노동자들이 파업을 벌이기 시작했다. 오늘날의 월마트와 같은 당시 울워스(Woolworth)에서는 대부분 저임금 젊은 여성 노동자를 고용해서 미국, 캐나다, 쿠바, 영국, 독일 등에 2,000여 개의 점포를 운영 중이었다.

Durable Laundry를 점거하였다), 병원 내 세탁소와 주방(예를 들어 뉴욕 관절 질환 병원Hospital for Joint Diseases과 브루클린 유대계 병원Brooklyn Jewish Hospital) 외에도 많이 있었다.13

실제로 여러 사회 부문에서 연좌농성을 활용하였다. 공공사업진흥국 근로자와 교도소 수감자, 영화관 아이들까지 연좌농성을 했다.14 연좌농성은 투쟁의 한 방법으로써 공장의 사업주에 대항하는("공장 업무의 지루함, 수모, 소외"에 대한 전면적인 반대) 일일 뿐만 아니라 궁극적으로 업무 부담과 전체 규율에 반대하는 일이었다.15 1937년은 삶의 질을 지키는 일과 여성의 외부 노동에 관한 교섭이 긴밀히 연결되어 있던 해이자, 대규모 파업이 대중의 힘을 드러내고 거대 산업체 점거가 활발했던 특별한 순간이기도 했다.16

여성과 유급노동

1930년 인구총조사에서 고용 남성은 대략 3천8백만

명인 반면 고용 여성은 약 1천6십만 명이었다. 여성 노동자는 일반적으로 남성 노동자보다 더 어렸고 미혼이었다. 고용 여성의 17.1퍼센트는 흑인 여성, 10.8퍼센트는 백인 이민 여성이었던 반면, 고용 남성의 경우에는 9.6퍼센트가 흑인 남성, 16.4퍼센트가 백인 이민남성이었다. 1930년부터 1940년까지 세 가지 주요 부문인 화이트칼라, 개인 서비스노동 및 가사노동, 육체노동 및 반숙련 노동 부문에서 여성 고용 비율은 각각 44.0에서 44.9퍼센트, 29.6에서 28.9퍼센트, 26.5에서 23.9퍼센트로 변화하였다.[17] 여성 노동력은 대개 화이트칼라나 개인 서비스 및 가사노동에 집중되었다. 이 범주에 속하는 많은 여성이 미용사, 손톱 관리사, 조산사, 일반 간호사, 승강기 운전원 같은 직업을 가지고 있었다. 또한 세탁소 운영, 병원이나 다른 기관 근무, 호텔 및 식당 경영 여성도 같은 부문에 포함되었다. 여성은 주로 섬유, 의복, 가죽, 담배, 식품 산업에 고용되었다.[18] 남성고용과 여성고용의 범위가 달랐기 때문에, 여성이 대공황 기간에 실업의 영향을 덜 받은 것처럼 보일 수 있다. 예를 들어 1930년에 남성 실업률이 7.1퍼센트였으나 이와 대조적으로 여성 실업률은 4.7

퍼센트였다.

그러나 1929년 이후 여러 해에 걸쳐 여성 실업이 남성 실업에 비해 더 악화된 것으로 보인다. 흑인 여성이 유급 가사노동으로 회귀한 것도 의미심장하다.[19] 산업계 여성 실업이 기존 추세를 따른 반면, 화이트칼라 및 전문직 범주의 여성 고용은 이전 시대와 달리 둔화되었다. 따라서 화이트칼라 및 전문직 범주에서 여성 고용이 둔화된 현상은 대공황이 여성 고용 양상에 미친 영향을 더 잘 보여 주는 중요한 지표라고 볼 수 있다. 이러한 맥락 속에서 개인 서비스와 가사노동 부문에서 특히 의미 있는 변화가 일어났다. 1937년에 노동 가능 여성 인구 1천1백만 명 중에서 실업 여성은 총 3백만 명으로 알려졌다. 또 다른 여성 150만 명은 시간제 근무나 임시직으로 일하고 있었다.[20]

남녀 임금 격차는 대략 30퍼센트에서 50퍼센트까지 벌어졌다. 여성은 항상 임금이 더 낮은 일자리를 구할 수밖에 없었는데, 이는 노동 시장 구조조정의 결과였다. 노동 시장 구조조정은 이민 제한으로 시작되었고, 이는 공장 노동이 규격화되면서 강화되었다. 흑인 여성의 경우,

노스캐롤라이나주 하이 포인트에 위치한 섬유공장의 방적공 (1937년)

임금 차별이 훨씬 더 심했다. 1935년과 1936년에 노동부 산하 여성국이 아칸소주와 테네시주에서 벌인 조사는 아칸소주 백인 여성의 급여가 백인 남성 급여의 64.2퍼센트, 테네시주는 75.9퍼센트라고 밝혔다. 각각의 주에서 흑인 여성이 받는 급여는 흑인 남성 급여의 61.7퍼센트와 54.2퍼센트였다.[21]

1937년 주요 산업 부문에서 여성이 받은 임금은 다음과 같다. 섬유 산업에서 남성은 시간당 60.4센트, 여성은 44.6센트, 의류 산업에서 남성은 93.8센트, 여성은 54.7센트, 식품 산업에서 남성은 64.2센트, 여성은 42.2센트를 각각 받았다. 가죽 산업에서 남성은 60.6센트, 여성은 42.1센트를 각각 받았고, 담배 산업에서 남성은 52.6센트, 여성은 41.6센트, 세탁업에서 남성은 58.8센트, 여성은 34.2센트, 드라이클리닝에서 남성은 61.7센트, 여성은 39.9센트를 받았다. 같은 해 서비스 부문 여성 임금은 다음과 같다. 상점 주급이 13.60달러, 세탁소 9.10달러, 드라이클리닝 업소 12.65달러, 호텔 8.20달러, 식당 8.65 달러였다. 산업 부문과 마찬가지로 서비스 부문에도 임금 차별이 존재했다.[22]

여성과 아동 임금은 대공황이 일어나면서 걱정스러울 정도로 떨어졌다.

사방에서 노동력 착취 업소가 우후죽순으로 생겨났다. 아동 노동도 다시 성행했다. 펜실베니아 노동산업부는 섬유 및 의류 산업에서 일하는 여성 노동자 중 절반이 주당 6.58달러 미만, 20퍼센트가 주당 5달러 미만의 임금을 받는다고 보고했다. 매사추세츠주 폴리버에서는 피복 봉제 공장 노동자 절반 이상이 시간당 15센트 또는 그보다 적은 금액을 받았다. 동시에 몇몇 주에서는 주당 노동시간이 60시간, 65시간, 심지어 70시간까지 늘어났다.[23]

매사추세츠 소비자연맹은 몇몇 의류 봉제 공장이 노동자에게 시간당 1센트를 지급하고 있다고 폭로했다. 심지어 어떤 노동자들은 견습 기간 동안 무보수로 일하다가 견습 기간이 끝나면 해고되었고, 그 자리에 다른 이들이 '수습'으로 고용되기도 했다. 테네시주에서는 섬유 공장 여성 노동자가 주 50시간 노동에 2.39달러를 받았고,

코네티컷주 노동부 위원이 밝힌 바에 따르면 여자아이들을 고용하여 주 55시간 노동에 최저 60센트, 최고 1.10달러밖에 주지 않은 공장이 백 군데가 넘었다.[24]

여성은 공장 투쟁이 재기된 시기에 와서야 상당한 세력을 형성하여 싸울 수 있었다. 심지어 세탁업, 집안일, 미용 분야에서도 투쟁이 일어났다. 미국노동총동맹이 여성에게 계속 무관심했던 반면, 대형 산업 노조이면서 여성을 위한 노조라고 여겨지던 산업별노동조합은 주요 산업에서 여성의 존재가 미미하다는 현실에 맞닥뜨렸다. 몇몇 여성 노조가 의류 산업에서 계속 활동했지만 미국노동총동맹이나 산업별노동조합 모두 여성 조합원을 심각하게 고려하지는 않았다.[25]

대공황이 지속되면서 남편이 해고를 당하자 많은 여성이 일자리를 구했다. 여성은 남녀 직종이 분리된 상황에서 취업을 희망했으나, 많은 사람들은 여성이 남성의 일자리를 빼앗아 간다고 단언하며 대규모 남성 실업 사태의 원인은 여성이 대공황 이전 시기에 노동 시장에 진입했기 때문이라고 주장했다. 이런 불만이 전국에서 제기되자 미국산업회의소National Industrial Conference Board가

1936년 『여성 노동자와 인력 공급』*Women Workers and Labor Supply*이라는 연구를 발표했다. 이 연구는 고용 여성이 남성의 일자리를 빼앗는 증거가 없다고 밝혔다.[26]

다수의 주에서 예전 법률을 다시 도입하여 결혼했다는 이유로 교사나 공무원 조직에 고용된 여성을 해고했다.[27] 미국노동총동맹 지도부는 남편이 이미 안정된 일자리를 가지고 있는 경우 여성을 고용할 때 차별을 허용하는 방안을 지지했다.[28] 이러한 조치에도 불구하고 기혼 여성의 고용 비율 증가는 대공황 기간에 있었던 가장 중요한 사실 중 하나이다. 이 비율은 1930년 11.7퍼센트에서 1940년 15.3퍼센트로 증가했는데, 이전 20년간의 추세를 생각해보면 놀랍도록 많이 급등한 것이다.[29]

1920년대에 저명한 페미니스트 노조 지도자인 로즈 슈나이더만*Rose Schneiderman*은 기혼 여성이 노동 시장에 남아있지 않을 것이라고 예상했는데, 이 예상은 일시적으로만 옳았다. 1939년에 실시된 연구가 보여 주듯이 점점 더 많은 기혼 여성이 가족을 부양하기 위해서 집 밖에서 일했다.[30] 그럼에도 불구하고, 여성의 이중 노동에 대해서 실로 가혹한 비난이 쏟아졌다. 1933년부터 1945

1890년에 뉴욕으로 온 폴란드 이민자인 로즈 슈나이더만(Rose Schneider-man, 1882~1972)은 미국의 사회주의자, 페미니스트, 여성 노조 지도자이다. 백화점 계산대 직원, 모자 공장의 안감 봉제공 등으로 일하며 1903년부터 공장의 여성 노동자들을 조직하기 시작했고, 1908년에 여성노동조합연맹 뉴욕 지부 부위원장으로 선출되었다. 1909년, 2만여 명이 참여한 뉴욕시 셔츠웨이스트 노동자 파업에 주도적으로 참여했으며 여성 참정권 획득 운동을 개진한 페미니스트였다. 한 연설에서 "노동자는 빵뿐만 아니라 장미 또한 가져야 한다"고 말하며 노동자의 권리를 나타내는 '빵과 장미'라는 문구를 창안한 사람으로 알려져 있다.

년까지 미국 노동부 장관이었던 프랜시스 퍼킨스는 "부유한 '용돈벌이 노동자'pin-money worker는 '사회를 위협하는 존재이자 이기적이고 근시안적인 인간이므로, 스스로를 부끄럽게 생각해야 한다며 비난을 퍼부었다.'"[31] 그러나 퍼킨스가 말한 "근시안적인 인간"이 어느 정도로 부유했는지는 분명치 않다. 용돈벌이 노동을 하는 여성이 실제로 부유했다면, 수입이 정말 필요한 여성을 대상으로 한 일자리를 구하지는 않았을 것이다. 그보다는 이러한 용돈벌이 노동자에 대한 이론이 여성국이 맞닥뜨린 가장 심각한 장애물 중 하나였다는 점이 의미심장하다.[32] 여성이 외부에서 일하지 않고 집 안에 있는 것이 돈을 더 버는 길임을 증명하기 위한 실험 및 연구가 고안되었다. 그 예로 대공황 기간에 일어난 홈스테드 운동Homestead Movement 지도자의 아내였던 보르소디 부인Myrtle Mae Borsodi이 1935년에 발표한 글을 들 수 있다.[33]

1932년 6월 30일, 의회는 연방경제법Federal Economy Act을 의결하였다. 이는 한 가족 내 두 명이 공직에 고용되는 것을 금지하는 법으로, 기혼 여성을 겨냥한 것이었다. 실제로, 이 법이 무효화된 1935년까지 해고된 1,603명 중

3분의 2가 여성이었다.[34] 기혼 여성을 차별하는 관행이 공공 부문과 민간 부문 양쪽에서 이어졌는데, 그러한 관행이 없었다면 여성 고용 비율은 실질적으로 훨씬 더 높았을 것이다.

집 밖에서 일하는 기혼 여성을 비난하는 캠페인에도 불구하고 여성 고용이 증가한 현상은 1930년대를 기점으로 도시에서 새로운 가족 구조가 등장했음을 보여준다. 특히 과거 수십 년 동안 형성된 이민자 가족이나 1920년대 초 시골 지역에서 이주해 온 가족에서 새로운 가족 구조를 볼 수 있다. 이들은 정도의 차이는 있지만 부모의 위계 및 전통적 가치에서 해방되었고 이제부터 새로운 유형의 가족 관계를 만들어야 했다. 가족 관계는 이제 소비가 가진 민주화 능력에 크게 영향을 받았고, 새로운 사회경제적 현실은 남편과 아내가 좀 더 동등한 동반자 관계를 지향하도록 만들었다.

실업이 걷잡을 수 없이 증가하면서 부부 관계의 기초를 이루는 위계질서와 견고한 차별이 심각하게 위협받았지만, 기혼 여성의 고용은 사실 가족에 활기를 불어넣는 경우가 많았다. 기혼 여성의 고용은 가족에 긴장을 가져왔음에도 불구하고 가족을 결합하게 하는 역할을 한 것이다. 기혼 여성의 고용이 가족에 불러온 긴장감은 대개 남성의 실업 때문이었지만, 여성의 가사노동 부담이 더 심화된 것도 무시할 수 없었다.[35] 가족이 최대로 붕괴되었던 시점은 여성이 일자리를 찾을 수 없을 때 혹은 여성이 충분한 임금을 받지 못할 때였다.

여성이 집 밖에서 한 노동과 관련하여, 여성노동조합연맹이 1920년대에 어떻게 여성을 지원했는지 살펴보겠다. 간단하게나마 이러한 활동에 대해서 알아보면 외부 노동을 두고 벌어진 여러 여성 투쟁이 도달한 수준을 짐작할 수 있다.

대공황 이전에 여성노동조합연맹과 미국노동총동맹의 관계는 미국노동총동맹이 하는 활동을 여성노동조합연맹이 지원하는 쪽에 가까웠다. 여성노동조합연맹이 파업이나 동원을 요구할 때는 미국노동총동맹이 거의 지원을 해주지 않았다. 사실상 1929년부터 1939년까지 여성노동조합연맹은 미국노동총동맹으로부터 재정 지원을 포함한 어떠한 지원도 받지 못했다. 그 결과 여성노동조합연맹은 전국에 연락을 돌리는 등의 활동을 정상

적으로 할 수 없어서, 10년 동안이나 전국 대회를 조직하지 못했다.[36]

　연방긴급구제법이 마련되자 여성노동조합연맹은 해고당한 여성을 위해서도 일자리 계획을 준비해달라고 요청했지만 허사였다. 토목사업국에서 여성 인력을 약간 채용했고 공공사업진흥국에서 여성을 위한 영역을 남겨두긴 했다. 그러나 여성은 피부양자가 없을 거라고 가정했으므로 국가 주도 일자리 계획에 포함되기가 매우 어려웠다. 여성노동조합연맹은 일자리 요구를 포기하고 무료 식량 배급이나 기껏해야 약간의 재봉 일을 조직하는 것에 만족해야 했다.[37]

　1930년대 말, 여성노동조합연맹은 최저임금과 노동시간을 쟁점으로 맹렬히 싸웠다. 연맹의 요청으로 시카고 내 다양한 산업 현장에서 노동자가 받는 임금을 조사하였는데, 여성 노동자의 55퍼센트가 주당 2.50달러 미만을 받았고, 여자아이들이 주당 72시간을 일하는 경우도 흔했다. 1933년에 뉴욕시가 최저임금법을 도입했다. 이 법은 "여성과 미성년자에게 '서비스 제공에 대해서 공정하고 합당한 값' 또는 '건강한 삶에 필요한 총 생활비용'보다 적은 임금을 지불하는 고용주는 '공공 정책을 위배하는 것'이라고 선언했다."[38] 이 법의 최초 수혜자는 세탁업·호텔·음식점 서비스 분야 여성들로, 연맹은 이들을 위한 임금 규제를 쟁취하기 위해 계속해서 투쟁해 왔다. 미용실에서 일하는 여성들이 이 법의 다음 수혜자가 될 터였으나, 1936년에 대법원이 최저임금을 규정하는 것이 위헌이라는 판결을 내렸다.[39]

여성노동조합연맹이 1932년부터 1934년까지 주당 48시간 근무법 수정안을 확보하기 위해 엄청난 노력을 기울였는데, 이렇게 되면 초과 근무를 완전히 없앨 수 있었다. 뉴욕주 최고 법원은 1929년 여름에 여성의 초과 근무에 대해 판결을 내렸다. 산업 및 상업 부문 공장주는 법이 허용하는 78시간 내에서 초과 근무를 사용할 수 있고, 이 경우 여성 취업자에게 (법에서 정한) 주당 한 번의 반차를 줘야 할 의무가 없다고 결정한 것이다. 이 판결 이후, 48시간 근무법을 수정해야 할 필요성이 분명해졌다. 수정안이 통과되자, 연맹은 호텔, 음식점, 가사 서비스 같은 특정 부문의 노동시간 규제를 이뤄내기 위한 계획에도 착수했다.[40]

여성노동조합연맹은 1935년 전국산업부흥법이 무효화되면서 더욱 나빠진 여성의 가정 노동 환경에도 특별히 관심을 보였다.[41] 연맹은 사회보장법이 통과되기 전까지 연방모성법Federal Maternity Law을 지지했는데, 그렇게 하는 것이 어떤 면에서는 더 나은 해결책이라고 여기기도 했다. 또한 자동차나 고무 산업에서 일하는 여성 노동자가 노동조합을 형성할 수 있도록 지원했다. 1930년 여성 섬유 노동자 파업(덴버에서 노동자 4천 명이 참가했다)과 1934년 특히 앨라배마에서 있었던 총파업 기간에 일어난 여성 섬유 노동자들의 파업도 지원했다.[42] 국제여성의류노동자조합International Ladies' Garment Workers' Union과 함께 의류 부문 여성 노동자의 파업도 충실히 지원했다. 연맹은 1939년에 호텔 청소부 노조를 조직해서 뉴욕 소재 33개 호텔에서 청소부가 정규 계약을 할 수 있는 가능성을 열었다. 미용실 노동자도 명문화된 계약을 할 수 있게 되었다.[43]

위의 내용은 여성노동조합연맹이 했던 활동 중 단 몇 가지를 언급한 것에 지나지 않지만, 연맹이 저임금 노동 여성, 즉 제대로 된 근로 환경에서 보호를 받지 못하

이른 아침 거리에 서서 일터로 가는 차를 기다리고 있는 조지아주 애틀랜타의
가사 서비스 노동자들 (1939년)

며 물질적으로 가장 열악한 생활환경에 놓인 여성을 지속적으로 지원해 왔음을 보여 준다. 중요한 것은, 가사 서비스 부문이 공정노동기준법의 보장을 받지 못했고, 1935년에 산업별노동조합이 생기면서 노조 조직 가능성을 시사했으나 가사 서비스 부문 노동자는 여기 포함되지 않았다는 점이다.

가족 제도 강화

1930년대 뉴딜 정책은 여성의 '일자리'로 가정 또는 집이 유일하다고 보았다. 그러므로 여기서는 이와 관련된 뉴딜 복지 정책의 양상을 상세히 살펴보겠다.

공공사업진흥국에서 일하는 여성은 39만 8천 명쯤 되었다. 일부는 사무 업무를 담당하는 화이트칼라 노동자였다. 대략 17만 명쯤 되는 나머지는 대부분 가사서비스시범사업Household Service Demonstration Project 강사로 고용되어 여성에게 식사를 준비하고 차리는 법, 집을 관리하고 자녀를 돌보는 법, 빨래, 다림질, 장보기를 가르쳤다.

특별한 기술이 없는 여성 3만 명은 질병이나 다른 이유로 도움이 필요한 가족을 도와주는 프로그램에 참여했다. 이를 보면 여성의 역할이 주부에만 한정되어 있었음을 알 수 있다. 이뿐만 아니라, 이 과정들은 다른 분야에서 **활용할 수 있는 전문성 있는 내용을 하나도 제공하지 않았다.**[44]

1930년대 여성이 하는 역할은 가정과 관련된 것으로 한정되어 있었지만, 한편 새로운 의미도 가지게 되었다. 그 예로, 여성이 가족을 위해서 맡은 책무가 이전보다 더 복잡해졌다. 피임 '클리닉'이 확산되는 등 여러 가지 이유로 자녀 수는 지속적으로 감소한 반면, 부모라는 '직업'이 문제시되었다. 1930년에 부모를 위한 훈련 과정이 22개 주에서 활발하게 진행되었다.[45] 대학 여섯 곳과 학교 두 곳은 사회 복지 전문 학위 과정을 만들어 부모가 되는 법을 교육할 전문가를 배출했다. 토론회, 강의, 신문기사 등 부모 교육이 급증하면서 가사노동이 육체노동이라는 측면은 사람들의 관심에서 점점 멀어졌다.[46] 여성은 이제 다양한 가족 구성원의 심리적 재생산, 훈육, 사회화라는 새로운 임무에 집중했다.

사회과학 연구도 다르지 않아서, 성[性] 활동이 새로운 가족 기능 안에서 적절하게 자리 잡도록 도왔다.[47] 킨지 Alfred Kinsey는 1938년에 미국인 남녀의 성행위에 관한 유명한 프로젝트를 시작했다.[48] 연구가 발표된 이후, 여성이 성적으로 생산적이지 않은 것은 여성 자신의 탓이라고 비난하는 목소리가 점점 더 커졌다.

게다가, 한층 복잡해진 아내 및 어머니상은 주로 중산층 여성을 겨냥한 것임에도 불구하고, 모든 여성에게 하나의 모범으로 자리 잡게 된다. 즉 이민 1세대 여성과 최근에 시골에서 이주해 온 여성에게도 똑같이 적용된 것이다. 심지어 최악의 상황에서 육체 가사노동을 하고 있는 여성도 예외 없이 중산층 여성과 비교를 당했다.[49]

연방정부가 시행한 정책은 대공황이 붕괴시킨 가족을 가능한 한 빨리 재건하고 안정시키려는 측면이 있었다. 루즈벨트의 뉴딜 정책은 이 점에서 하나의 중요한 전기를 마련했다. 미국지역계획협회Regional Planning Association of America, RPAA처럼 1920년대 도시 계획 분야에서 학술 연구를 수행했던 집단들은 뉴딜 정책을 자신의 계획을 실행할 기회로 여겼다.[50]

가사서비스시범사업 홍보 포스터 (1936년경)

경제학자들은 단지 연방정부의 개입 정책을 요구한 것이 아니라, 대량 소비가 경제 체제를 움직여야 한다는 하나의 전환점을 제시한 것이다. 주택 대량 공급은 보조금을 받아 지자체가 주택을 짓거나 연방정부로부터 재정 지원을 받아 빈민가를 철거하고 노동계급 주택을 건설하도록 장려하는 방식으로 바뀌어야 한다.[51]

루즈벨트 정부는 단독 주택 건설을 장려하고 재원을 투자했다. 미국은 1935년 이후 계속해서 집을 과학적으로 관리하기 위한 건축 디자인 및 계획을 선도하였다. 유럽에서는 하나의 완전한 독립체로 기능하는 집에 초점을 뒀던 반면, 미국식 디자인은 부엌에 중점을 뒀다. 이즈음에는 가사 서비스 의존도가 줄어서 주로 부엌이 소규모 공간만 차지하도록 설계했다.[52] 제너럴 일렉트릭General Electric Co.과 웨스팅하우스 일렉트릭Westinghouse Electric Co.은 요리법을 가르치는 특수학교를 설립하고, 새로운 가정용 전기 및 가스스토브를 도입했다. 그러나 여성들은 가스스토브 구매를 꺼렸는데, 주된 이유는 가스스토브를 구매하면 또 다른 종류의 일을 새롭게 배우고 익혀야 했기 때문이다.[53] 한편, 미국 가정에서 냉장고를 널리 사용할 수 있게 되면서 음식을 준비하고 요리하는 일이 매우 간소해졌고, 청소와 세탁도 마찬가지였다. 또한 냉동식품이 최초로 시중에 판매되었는데, 2차 세계대전이 일어나면서 급격하게 인기를 얻게 된 것은 쉽게 예상 가능한 일이다.[54]

일찍이 1920년대 기술 혁신으로 가사노동의 육체적인 업무가 간소화되고 개별 과제를 수행하는 데 걸리는 시간도 단축되었다. 이러한 과정의 목적은 분명히 여성을 '자유롭게' 하여 심리적, 정서적 노동력 재생산에 더욱 전념하게 만드는 것이었다. 1937년에 가장 융성했던 사회과학 역시 이 흐름에 동조하였다.

결론

국가가 뉴딜 정책으로 달성하고자 했던 주된 목표는 사회 보편적인 수준의 임금과 임금 인상을 이루는 것이다. 우리는 일당 5달러 정책을 살펴보는 것으로 뉴딜에 대한 분석을 시작했다. 일당 5달러 임금은 수혜자를 선정하는 기준이 엄격하고, 이 혜택을 받기 위해 필요한 조건이 많았을 뿐만 아니라, 그러한 조건을 고용주의 대리인이 직접 조사했음에도 불구하고, 우리는 일당 5달러 임금이라는 합의가 지닌 **상대적 보편성**을 강조했다.[55] 이제, 노조를 통해 단체 협상한 일정 수준의 임금을 직접 받을 '자격이 되는' 계급 일반이 한편에 존재한다. 다른 한편에는 개별 자본가가 있는 것이 아니라, 국가가 집합적 자본의 지성으로 존재한다. 국가는 집합적 자본의 지성으로서 뉴딜 정책을 통해 임금 인상이 국가 투자에 비례하도록 해야 할 뿐만 아니라, 대량^{mass} 임금이 적절하게 책정되도록 해야 한다.

마찬가지로, 역시 뉴딜을 통해 국가는 보험 보증인 역할을 맡게 되었다. 산업에서 기술 혁신과 구조 개편이 일어나 과거보다 생산 주기가 단축되면서 국가의 보험 보증인 역할이 필요하게 되었다. 당시 케인즈가 했던 제안은 위기 상황에서 **빨리 벗어나야 한다**는 인식뿐만 아니라, 앞으로 성장 주기가 달라질 것이라는 깨달음과 관련이 있었다. 이처럼 자본주의 발전이 이전과는 다른 양상으로 전개되자 국가가 사회 보장 영역에서 존재감을 드러내야 한다는 요구가 제기되었고, 국가는 이제 부분적인 개입만 하는 것이 아니라 뉴딜 계획하에서 하나의 기능을 전담하게 된 것이다. 이처럼 국가의 기능이 확대되는 일의 연장선상에서 가족과 여성의 역할 역시 강조되었다.

여성은 무엇보다도 **임금 상승에 대한 실질적인 역량을 확보할 책임**을 위임받았다. 이 책임을 수행하기 위해서는 여성이 하는 주부 역할과 가사노동이 반드시 필요했다. 생산 주기가 새로운 양상으로 전개되면서 실업이 만연했는데, 이러한 위험 앞에서도 노동력을 계속해서 일정 수준으로 유지하는 것은 주부인 여성의 몫이었다. 실업 수당만으로 노동력을 회복할 수는 없었기 때문이다. 가족이 맡은 임무는 임금의 상품 구매력을 유지하는 것, 지금 경제 활동을 하지 않는 개인을 재흡수·재생산하는 것, 새 노동력을 성공적으로 생산하는 동시에 경제 활동을 하고 있는 노동력을 재생산하여 전체 소비력을 지키는 것이었다. 이러한 방식으로 가족은 루즈벨트의 뉴딜 정책에서 중심 역할을 하였다.

전국부흥청(National Recovery Administration, NRA) 출범 기념 3센트 우표 발행 (1933년). 전국부흥청은 뉴딜 정책의 일환으로 루즈벨트 대통령이 1933년 에 세운 기관이다. 농부, 루즈벨트, 노동자, 여학생이 함께 걷고 있고 우표 하단 에 '공통의 투지로'라는 문구가 보인다.

사회 보장의 또 다른 측면도 유사한 방식으로 전개되었다. 가족은 지속적으로 일차적인 수준의 노동력 복구를 책임졌고, 국가 지출은 이를 보완하는 역할만 했다. 국가는 이 시점에 실업에 대비한 사회 보험 체계를 확립하는 일 외에 노인이나 일을 할 수 없는 사람을 책임지고, 최저임금 및 최대 노동시간 원칙을 성문화하며, 미성년자 노동 규제를 감독했다. 이 모든 사안은 임금 수준 및 임금 규모와 더불어 노동력 재생산에 관한 새로운 규범을 만드는 요소였다. 따라서 국가는 이제 이 문제를 직접 책임져서 노동력 재생산을 상품 생산 양상 및 리듬에 맞춰야 했다.

이러한 새로운 규범이 나오기 전, 투쟁 주체가 바뀐 새로운 전투 지형이 등장했다. 이 새로운 주체는 실업자들로, 이들은 더 이상 단순 산업예비군이 아니라 투쟁에서 새롭게 구성된 대중이었다. 이들은 또한 공장을 점거하고 강력한 노조를 만든 노동자이기도 했다. 여성은 경우에 따라서 군대와 유사한 방식으로 자체 조직을 만들었고, 노동자 공동체의 재생산 구조를 급진적으로 변화시켰다.

이러한 배경에서, 국가는 새로운 노동력 재생산 환경을 보장하기 위해 대량 임금의 분배도 책임지게 되었다. 다시 말하면, 국가는 개발 계획을 고려하여 임금을 합리적으로 분배해야 했다. 동시에 국가는 계급투쟁을 규제하는 장치도 마련해야 했다. 즉, 임금을 인상시켜 개발 계획에서 노동자의 이익을 보장해야 했다. 이는 실업 수당이 실업 노동자를 '예비 인력'으로 만들어 거리로 나가지 않도록 하는 것과 비슷했다. 가족은 임금의 실질적인 역량과 노동력의 지속적인 재생산을 보장하기 위해 실업자를 '예비 인력'으로 유지하고, 장애를 가지고 있거나 나이가 많은 이들을 부양해야 했다. 루즈벨트의 뉴딜 정책은 직업 관련 기회를 합리적으로 분배하기 시작했다. 이러한 와중에 여성 노동력이 여전히 기존 수준에 머무른 것은 우연이 아니다.

여성 고용을 장려하는 것은 그러한 합리화 과정에 부합하지 않는 일이었다. 정부와 노조 양측에서 원했던 바와 같이, 여성은 가족이 제대로 기능하도록 가장 큰 책임을 전적으로 짊어져야 했기 때문이다. 이미 살펴보았듯이, 이는 특히 집 밖에서 일하는 기혼 여성에게 명백한 사실이었다.

노동계급을 '조직하여' 생산이 재개되도록 하기 위해서 가족이 필요했다. 그뿐만 아니라, 가족은 사회 전체 구조를 자본주의 계획에 더욱 정확하게 맞추기 위한 필수 전제 조건이었다. 정부 차원에서든 학계 차원에서든 가족과 여성을 다루는 많은 연구에서 가족과 여성을 사회 조직의 중심축으로 삼아 노동력을 통제하는 체계를 구축하고 싶은 욕망이 드러나는 것은 결코 우연의 일치가 아니다.

:: 감사의 말

이 글을 쓰는 동안 여러 사람과 토론을 나눴다. 마우리치오 보다냐와 노동조합 형성에 관해, 페피노 오르톨레바와 진보주의 및 실업자들의 운동에 관해, 사라 볼테라와 법학 및 입법에 관해, 마리나 셴켈, 힐러리 크릭과는 노동 공급에 관해 수없이 토의를 했다. 브루노 카르토시오도 중요한 정보를 제공해 주었다. 실비아 페데리치와 조지 카펜치스는 뉴욕에서 함께 긴밀히 작업한 것에 이어, 내가 이탈리아로 돌아온 후에도 늘 그랬듯이 자료를 보내주며 조언을 아끼지 않았다. 발레리아 푸제티, 다리오 드 보르톨리, 줄리안 비즈, 티노 코스따, 니노 카포달리오, M. G., A. M. 덕분에 책이 완성될 때까지 끊임없이 내용을 비교해보고 확인할 수 있었다. M. G와 A. M.은 익명으로 남기를 원해서 이름을 밝히지 않지만 두 사람에게 깊이 감사하는 마음을 전한다. 모두에게 진심으로 고맙다. 소중한 제안을 적절하게 옮기지 못한 것 같아 미리 사과의 말도 전한다. 그리고 나의 어머니 마리아 기델리에게 한없이 감사드린다. 책을 쓰느라 힘들었던 몇 년간, 어머니는 내가 물질적, 비물질적 재생산을 할 수 있도록 한결같이 크나큰 사랑으로 지원해 주었다.

이 책은 19세기 말, 20세기 초 미국의 진보시대를 시작으로 1929년 대공황 발발, 1930~40년대 뉴딜 정책이 시행된 시기를 다룬다. 서구에서 산업 혁명이 일어나고 자본주의가 발달하는 과정에서 양극화와 같은 사회 문제가 대두되었고, 미국에서는 대공황이 발생하면서 이러한 사회 문제가 첨예하게 드러났다. 이 책은 대공황 시대 실업, 가족 붕괴, 빈곤 등의 문제를 특히 노동계급 흑인 및 여성을 중심으로 세밀하게 살펴본다. 또, 국가가 복지 제도를 활용하여 가족을 강화시키는 동시에 통제하였으며, 이러한 일은 가족 내 여성의 재생산 노동을 바탕으로 가능하였다고 분석한다. 여성에게 부여된 역할은 노동력을 생산 및 재생산하고 노동 생산성을 높여, 자본주의 체제를 성장시키는 데 기여하는 것이었다. 이러한 방식으로 뉴딜 정책이 노동계급 투쟁을 자본주의 체제의 성장에 통합시킨 종합 계획이었음을 주장한다.

책을 번역하며 비록 시공간은 다르지만 부의 편중, 노동자 투쟁 및 국가 진압, 노동 현장의 갖가지 차별 관행 및 대우, 여성에게 집중된 재생산 노동 등 마치 한국 사회 모습을 보는 것처럼 느껴졌다. 특히, 국가와 여성이 맺고 있는 관계와 여성의 역할을 이야기하는 부분이 인상적이었다. 달라 코스따에 따르면 여성이 하는 무급 재생산 노동은 자본주의 성장 계획에서 핵심적인 부분이지만, 자본주의 체제에서 가장 '인정받지' 못하는 일이다. 달라 코스따가 말하듯이 이제 더 이상 가족 안에서만 재생산이 이뤄지는 것은 아니며 집안일이 다양한 가사 서비스로 재편되었지만, 재생산 관련 노동은 여전히 대부분 비정규직, 저임금 노동으로 때때로 무시와 천대를 받기까지 한다.

가사노동을 하는 주부로 살아가고 있기에 번역을 하는 감회가 더욱 깊었다. 사람을 먹이고, 씻기고, 보살피는 일은 중요하지 않은 일, 누구나 할 수 있는 일, 대가가 없는 일로 치부되지만, 과연 그러할까? 가정과 일터에서 이러한 일을 하고 있는 여성이 그저 "밥하는 아줌마," "도우미"로 불리고, 아이를 낳고 기르는 어머니가 육아 "독박"

을 쓴 억울한 사람이나 "맘충"이 되는 현실은 어떠한가? 여성과 어머니의 노동을 폄하하거나 미화하지 않고, 다른 노동과 마찬가지로 하나의 노동으로 바라보는 일, 이러한 시각을 바탕으로 여성 노동자의 처우를 개선해 나가는 일이 지금 다시 시작되고 있다. 달라 코스따의 통찰이 우리에게 힘이 되어줄 것이라고 기대한다.

2017년 7월 31일 김현지

* * *

알면 보인다고 했던가? 책을 번역하는 동안 평소에 그냥 지나치곤 했던 것들이 눈에 들어왔다. 늘 다니던 길이었고, 자주 마주치던 사람들이었지만 무심코 지나치곤 했던 그곳에서, 그 사람들이 파업 중이었고, 투쟁을 다짐하고 있었으며, 집회를 조직하고 있었다.

달라 코스따는 이 책에서 뉴딜 시대를 주요 쟁점으로 다루고 있지만, 1930년대만 국한하여 이야기하고 있는 것은 아니다. 19세기부터 책이 발표된 1980년대까지, 끊임없이 뉴딜 정책 이전과 이후 시대를 연결 짓고 있다.

지금 내가 살고 있는 이 곳, 2017년 대한민국 역시 역사의 흐름 속에 있다. 올해는 유난히도 우리가 중요한 역사적 기로에 서있다는 생각을 많이 하게 된다. 좀 더 나은 미래로 나아가는 데 이 책을 통해 조금이나마 보탬이 되고 싶다는 생각을 해본다. 무심코 지나쳤던 그 사람들과 함께.

2017년 7월 31일 이영주

∷ 후주

실비아 페데리치의 서문

1. Mario Tronti, *Operai e Capitale* (Torino : Einaudi, 1966), 287ff.
2. AFDC는 유자녀가족원조(Aid to Families with Dependent Children)를 말한다.
3. 다음 두 책은 아르헨티나에서 발생했던 사회 투쟁을 다루는 것으로, 자율 조직을 강조하고 있다. Marina Sitrin, *Horizontalism : Voices of Popular Power in Argentina* (Oakland : AK Press, 2006); Colectivo Situaciones, *19 & 20 : Notes for a New Social Protagonism* (Brooklyn, NY : Autonomedia/Minor Compositions/Common Notions, 2011).

1. 대량 생산과 새로운 도시 가족 질서

1. 일당 5달러 정책에 관한 구조적 쟁점은 다음을 보라. B. Coriat, *L'atelier et le chronomètre : Essai sur le taylorisme, le fordisme et la production de masse* (Bourgois : Paris, 1979), 특히 4장. 또한 다음을 보라. H. Beynon, *Working for Ford* (New York : Penguin Books, 1973) 및 A. Nevins, *Ford : The Times, the Man, the Company* (New York : Scribner, 1954). 포드는 1914년 유명한 임금 제안을 하기 전인 1913년에 자동 조립 라인을 도입했다. 이 혁신이 있고 나서 노동자는 전에 없이 부담을 느꼈고, 포드의 가까운 협력자가 "공장 직원 100명을 충원하려고 963명을 고용해야 했다"라고 밝힐 정도로 직장을 포기하는 사람이 많았다. 이와 관련된 자료 및 유용한 정보는 다음

을 보라. P. Ortoleva, introduction to *La mia vita e la mia opera*, by H. Ford (Milan : La Salamandra, 1980) 및 P. Bairati, introduction to *Autobiografia*, by H. Ford, ed. S. Crowther (Milan : Biblioteca Universale Rizzoli, 1982).

2. 이탈리아에서 나온 보고서 중에서 *Primo Maggio*에 실린 다수의 논문에 주목해야 한다. S. Tait, "Alle origini del movimento comunista negli Stati Uniti : Louis Fraina teorico dell'azione di massa," B. Cartosio, "Note e documenti sugli Industrial Workers of the World," G. Buonfino, "Il muschio non cresce sui sassi che rotolano : grafica e propaganda IWW," *Primo Maggio*, no. 1 (June-September 1973); P. Ortoleva, "Classe operaia e potere politico in Usa, 1860~1920," *Primo Maggio*, nos. 3-4 (February-September 1974); Cartosio, "Storie e storici di operai americani," *Primo Maggio*, no. 11 (Winter 1977-1978); Cartosio, "Mosca 1921 : Una intervista a 'Big Bill' Haywood," 여기에는 다음이 포함되어 있다. a) "Nostra intervista a Haywood Segret. Generale dell'IWW sulla situazione operaia negli Stati Uniti," b) N. Vecchi, "Il pensiero di Haywood Segretario Generale dell'IWW sulla rivoluzione russa,"; S. Ghetti, "Gli IWW e la ristrutturazione del capitale negli anni venti," *Primo Maggio*, no. 16 (Fall-Winter 1981-82); Cartosio, "Gli emigrati italiani e l'IWW," *Primo Maggio*, no. 18 (Fall-Winter 1982-83). 또한 다음을 보라. P. Ortoleva, "Industrial Workers of the World," *Storia del Nord America* (Florence : La Nuova Italia, 1979), 147~156; G. Bock, P. Carpignano, and B. Ramirez, *La formazione dell'operaio-massa negli USA : 1898~1922* (Milan : Feltrinelli, 1976); K. Allsop, *Hard Travellin' : The Hobo and His History* (London : Hodder and Stoughton, 1976).

3. 실업가들은 가정의 안정이 당시의 사회적 불안정에 대한 대응책이라 믿는다고 공개적으로 밝혔다. "사람들은 저축한 돈을 집에 투자해서

자기 것으로 만들어야 한다. 그래야 이사를 가거나 파업을 하지 않을 것이다."(다음을 참조. P. Carpignano, "Immigrazione e degradazione," *La formazione dell'operaio-massa negli USA*, 221).

4. 포드주의와 가족의 관계에 관해서는 다음을 보라. G. Bock and B. Duden, "Arbeit aus Liebe, Liebe als Arbeit : Zur Entstehung der Hausarbeit im Kapitalismus," in Berliner Dozentinnengruppe ed., *Frauen und Wissenschaft* (Berlin : Courage Verlag, 1977); G. Bock, "L'altro movimento operaio negli Stati Uniti," Carpignano, "Immigrazione e degradazione"(특히 218~221) in Bock, Carpignano and Ramirez, *La formazione dell'operaio-massa negli USA*. 노동력의 탈숙련화, 가족, 사회재생산의 관계에 관해서는 다음을 보라. R.M. Titmuss, *Essays on "The Welfare State"* (Boston : Beacon Press, 1969), 104~118.

5. 다음을 참조. Coriat, *L'atelier et le chronomètre*, 특히 4장.

6. 같은 책.

7. 어떤 남성들은 일당 5달러를 받게 되면 여러 유혹을 물리치지 못하여 정직하고 바르게 살아가는 데 어려움을 겪을 테고, 잠재적으로 사회를 위협하는 존재가 될 것이라고 사회학자 리(J. R. Lee)가 말했다. 따라서 일당 5달러 임금을 지혜롭고 신중하게 사용하지 못하는 남성은 처음부터 이 임금을 받지 못하도록 정해져 있었다. "The So-Called Profit Sharing System in the Ford Plant," *Annals of the Academy of Political Sciences*, vol. LXV (May 1916) : 303.

8. "가정의 균형을 파괴하고, 필요한 물품을 자본주의적 바탕에서 생산하는 이러한 이중 과정은 노동자의 새로운 소비 기준이라는 개념의 기저를 이룬다"라고 Coriat, *L'atelier et le chronomètre*가 M. Aglietta, *Régulation et crises du capitalisme* (Paris : Calmann-Lévy, 1977), 130의 표현을 빌려서 말한다. 코리앗은 계속해서, "요컨대, 노동자의 새로운 소비 기준은 특별히 상업적이지 않은 환경이 지배하던 노동력 재생산을 정확히 상업적인 환경이 지배하게 되는 변화 추이를 나타낸다"

고 말한다.

9. B. Ehrenreich, and D. English, "The Manufacture of Housework," *Socialist Revolution*, no. 26 (October-December 1975) : 6. 다음을 참조. A. Oakley, *Woman's Work* (New York : Vintage Books, 1976).

10. [사회복지사 중에서] 가장 유명한 사람은 제인 애덤스(Jane Addams)였다. 이 중산층 여성들은 여성이 한 가정이 아니라 국가의 살림꾼으로 일하여 가정을 예찬하는 분위기에서 벗어나길 원했으며, 가정학운동(Home Economics Movement)을 도왔다. 1890년 이후 전개된 가정학운동은 "주로 이민자 주부에게 청결, 영양, 가풍, 효율적인 주방의 새로운 기준을 소개했다. 가정부가 개별 가정의 직원이 되기보다는 공장 일을 선호했으므로, 부유층에는 주방 일을 덜기 위한 방법과 기계를 소개했다……. 자녀 교육을 학문화하는 것역시 매우 장려되는 전략이었다. 사회주의자들은 과격 페미니스트들이 성교육과 피임을 요구하며 벌인 시위가 공황 상태를 초래하여, 여성이 남성에 대한 믿음을 잃고 결혼 시장에서 여성이 가진 자본, 즉 여성 자신을 회수하도록 했다며 비난했다." 반면, 자본의 시각에서 봤을 때 피임은 국가가 노동력을 강력하게 통제하는 도구가 될수 있었다. Bock, "L'altro movimento operaio negli Stati Uniti," *La formazione dell'operaio-massa negli USA*. 페미니즘과 사회주의의관계는 다음을 보라. M. J. Buhle, "Women and the Socialist Party, 1901~1914" in E. H. Altbach ed., *From Feminism to Liberation* (Cambridge, Mass. : Schenkman, 1971); B. Dancis, "Socialism and Women in the United States, 1900~1917," *Socialist Revolution* 27, vol. 6, no. 1 (January-March 1976); M. J. Buhle, *Women and American Socialism, 1870~1920* (Urbana : University of Illinois Press, 1981). 가정의 효율성은 다음을 보라. M. Pattison, "Scientific Management in Home-Making," *Annals of the American Academy of Political and Social Science*, no. 48 (1913); C. Perkins Gilman, *The Home : Its Work and Influence* (Urbana : University

of Illinois Press, 1972), 특히 5장. 사회복지사들은 중산층 출신 여성으로, 세기가 바뀌는 시기에 새로운 수준의 대중 교육과 문화를 경험했다는 점을 주목하라. 기존에 여성이 했던 생산적 역할은 더 이상 필요하지 않게 되었고, 새로운 문화는 아직 '숙녀들의 거실'이라는 표현에 갇혀 있었다. 많은 여성은 이와 같은 역할 공백 상태에서 히스테리와 우울증에 걸렸다. 이러한 상황에 놓인 여성에게 거의 항상 무보수였지만 사회적으로 쓸모 있다고 여겨지는 일을 하는 것은 바람직한 배출구가 되었다. 또 여성의 지적 해방은 여성 협회의 번성을 가져왔다. 여성 협회는 대개 활발하게 사회 문제와 관련된 활동을 벌였다.

11. 다음을 참조. M. Tirabassi, "Prima le donne e i bambini; gli International Institutes e l'americanizzazione degli immigrati," the third article in the section entitled "Integrazione sociale negli Usa," edited by M. Vaudagna in *Quaderni storici*, no. 51, a. XVII, (December 1982) : 853~880. 이 논문은 국제협회의 역할에 관해 면밀하게 논의하고 있는 매우 흥미로운 글이다.

12. W. C. Mitchell, "The Backward Art of Spending Money," *American Economic Review*, vol. II (June 1912) : 269~281. 다음을 참조. A. Marshall, *Principles of Economics*, book VI, chapter IV (London : Macmillan, 1920) [알프레드 마셜, 『경제학원리』 2, 백영현 옮김, 한길사, 2010]. "자본 중에서 가장 가치 있는 것은 사람에 투자된 자본이다. 사람에 투자된 자본 중에서 가장 귀중한 것은 어머니의 돌봄과 영향력에서 나온다. 어머니가 다정하고 이기적이지 않은 성향을 가지고 있는 한 그러하다." 이와 유사하게, 1870년대 『뉴욕 타임스』에 실린 다수의 기사가 여성이 임금을 요구하는 것을 만류해야 한다며 우려를 표명하고 있다 : "아내라는 지위가 여성이 그 지위에 부여하는 만큼 명예롭기를 바란다면, 여성은 자신이 하는 서비스의 가치와 고정 수입을 거론하기보다 영국의 결혼 선서 정신을 지키면서 남편을 '좋을 때나 나쁠 때나, 풍족할 때

나 가난할 때나, 아플 때나 건강할 때나, 사랑하고 공경하고 복종하면서' 살아야 한다. 이것이 아내됨이다." "Wives' Wages," *The New York Times*, August 10, 1876. 인용 출처는 다음과 같다. S. Federici의 논문, "The Restructuring of Social Reproduction in the United States in the '70s," 1980년 12월 9~11일 로마에서 미국의 저먼 마샬 펀드(German Marshall Fund)와 미국학 센터(American Study Center)가 조직한 학회인 '이탈리아와 미국의 여성 노동에 관한 경제 정책'(Economic Policies of Female Labor in Italy and the United States)에서 발표되었다. 이 논문이 출판될 당시 페미니즘 운동이 표명한 입장과 비교하려면 다음을 보라. L. Gordon, *Woman's Body, Woman's Right : A Social History of Birth Control in America* (New York : Grossman, 1976).

13. 페미니즘 운동 내부에 존재하는 다양한 입장은 다음을 보라. A. S. Kraditor, *The Ideas of the Woman Suffrage Movement : 1890~1920* (New York : Anchor Books, 1971), 38ff; D. Hayden, "Two Utopian Feminists and Their Campaigns for Kitchenless Houses," *Signs*, vol. 4, no. 2 (Winter 1978).

14. 1908년 미국사회학회(American Sociological Society) 컨퍼런스에서는 가족 문제 및 이혼 승인 문제를 중점적으로 논의했다. 더 자유로운 성생활을 주장하는 것이 가족의 안정에 위험으로 비춰지던 때에, 심지어 가장 보수적인 세력들마저 가족 제도 자체에 새로운 유연성을 허락하여 가족 구성원에게 새롭게 유동성을 주는 것이 성적 긴장을 적절하게 풀 수 있는 유일한 방법이라고 충고했다. 피임도 용인되어야 했다. 당시 이혼이 급격히 확산되었고, 평균 혼인 연령은 높아졌으며, 피임도 광범위하게 퍼져 있었다. 당시 이혼 및 가족 문제 쟁점은 다음을 보라. W. O'Neill, *Divorce in the Progressive Era* (New Haven : Yale University Press, 1967); E. Shorter, *The Making of the Modern Family* (New York : Basic Books, 1977); A. Calhoun, *A Social History of American Family* (New

York : Barnes & Nobles, 1960).

15. 1900년대 초, 이 쟁점은 사회주의 페미니스트인 크리스탈 이스트
만(Crystal Eastman)이 취했던 입장을 보여 준다. 그녀는 "집안에서
일하기를 원하거나 그래야 하는 여성은 그 일에 대한 보수를 받아
야 한다"고 주장했다. "Now We Can Begin," in B. Wiesen Cook ed.,
Crystal Eastman : On Women and Revolution (Oxford : Oxford
University Press, 1978). 이스트만은 자본주의 사회에서 여성이 진
정으로 경제적인 독립을 성취하는 유일한 길은 정부가 가사노동을
숙련 노동으로 인정하고 이에 걸맞은 보상을 지불하는 것이라고 썼
다. 1903년부터 1911년까지 이스트만은 이 같은 정치적 입장을 공
유하는 이들과 함께 일했다. 하지만 1970년대가 되어서야 전 세계
에서 '집안일에 대한 임금'을 요구하기 시작했고, 페미니스트 운동
의 모든 구성원은 논의를 거쳐 이 입장을 채택하였다. 이 논의와 관
련된 몇 가지 논평은 다음을 보라. E. Malos, "Housework and the
Politics of Women's Liberation," *Socialist Review* 37 (January-
February 1978). 미국에서 이 논의와 관련하여 나타난 몇몇 징후
는 다음을 보라. *Radical America*, vol. 7, nos. 4-5 (July-October
1973) 131~192. 여기서는 논의가 1970년대에 이탈리아, 영국, 미국
에서 어떻게 형성되었는지 상세히 기록한다. 더 최근 연구는 다음
을 보라. N. J. Sokoloff, *Between Money and Love : The Dialectics
of Women's Home and Market Work* (New York : Praeger Publish-
ers, 1980), 특히 4장.

16. 인용 출처는 다음과 같다. E. Flexner, *Century of Struggle : The
Women's Rights Movement in the United States* (Cam-
bridge : Belknap Press, 1959).

17. J. H. Spring, *Education and the Rise of the Corporate State* (Bos-
ton : Beacon Press, 1972), 78.

18. 같은 책, 77~79.

19. Bock and Duden, "Arbeit aus Liebe, Liebe als Arbeit," *Frauen und*

Wissenschaft.

20. 순수식품의약법(Pure Food and Drug Act), 1906.

21. Carpignano, "Immigrazione e degradazione," *La formazione dell'operaio-massa negli USA*는 자본이 계급 역학을 설계하는(계급 역할 설계는 뉴딜이 시행되면서, 또 노동자 대중의 투쟁이 성숙되어가는 와중에 시작되었다) 시도를 하기 전에, 어떻게 자본 자체가 이러한 제도적 관계를 구성하는 조건으로 나타났는지 강조한다. 카르피냐노는 R. Hofstadter, *The Age of Reform : From Bryan to F.D. Roosevelt* (New York : Knopf, 1955), 163을 인용, 진보주의(Progressivism)는 사회구조의 뚜렷한 변화가 아니라 책임감 있는 엘리트 계층의 형성을 목표로 하는 운동이었다고 말했다. 또한 다음을 보라. R. Hofstadter, *The Progressive Movement, 1900-1915* (Englewood Cliffs : Prentice Hall, 1963); J. R. Commons, *History of Labor in the United States, 1896-1932*, vols. III and IV (New York : Macmillan, 1935); Philip S. Foner, *History of the Labor Movement in the United States*, vol. III (New York : International Publishers, 1964); Bairati ed., *Storia del Nord America.* 여기서 논의된 주제와 직접 관계된 정보는 다음을 보라 : A. M. Martellone, "Immigrazione," 113~103, "Melting Pot," 198~203; P. Ortoleva, "Industrial Workers of the World," 147~156; A. Testi, "Progressive Era," 348~367; B. Cartosio, "Movimento operaio," *Storia del Nord America*, 204~236.

22. 미국 금주법은 1920년대로 거슬러 올라가는데, 특히 이민자와 흑인을 억압하는 기능을 했다. 또, 정치적 불만이 표출되는 장소 역할을 하는 술집을 없애려는 목적도 있었다. 다음을 참조. K. Allsop, *The Bootleggers : The Story of Chicago's Prohibition Era* (London : Hutchinson and Co., 1961).

23. Don D. Lescohier, *The Labor Market* (New York : Macmillan, 1919), 255. Carpignano, "Immigrazione e degradazione," *La*

formazione dell'operaio-massa negli USA, 113에도 인용되어 있다.

24. *The Extent and Nature of So-Called Second Generation Problem*, IIB, box 23. Tirabassi, "Prima le donne e i bambini," 870에서 재인용.

25. A. Lorini, *Ingegneria umana e scienze sociali negli USA, 1890-1920* (Messina-Florence : D'Anna, 1980)에 나와 있는 바와 같다.

26. 임금을 받는 가사노동의 역사 및 근대화, 산업화, 도시화와 결부된 여성의 가사노동 변화 양상은 다음을 보라. D.M. Katzman, *Seven Days a Week, Women and Domestic Service in Industrializing America* (New York and Oxford : Oxford University Press, 1978).

27. R. Schwartz Cowan, "The 'Industrial Revolution' in the Home : Household Technology and Social Change in the 20th Century," *Technology and Culture*, vol. 17, no. 1 (January 1976). 저자는 소위 집안의 산업혁명이라 불리는 것이 임금을 받는 가사노동을 피하기 위한 시도로, 집과 공장에서 일하는 여성의 부엌이 아니라 중산 계층의 부엌에서 시작되었다고 주장한다. 이는 사회학의 기능주의 이론과 반대되는 주장이다.

28. 위에서 언급한 혁신은 다음을 보라. Cowan, "The 'Industrial Revolution' in the Home." 이 주제에 관한 고전으로 다음이 있다. S. Giedion, *Mechanization Takes Command* (Oxford : Oxford University Press, 1948). 또한 다음을 참조. D. C. North, *Growth and Welfare in the American Past : A New Economic History* (Englewood Cliffs, NJ : Prentice Hall, 1966).

29. 소비의 정치적 이데올로기는 다음을 참조하라. S. Ewen, "The Political Ideology of Consumption," presented at the *URPE Conference on Marxist Approaches to History*, Yale University, New Haven, February 24, 1974. 또한 다음을 참조. J. Hoff Wilson, *The Twenties : The Critical Issues* (New York : Little Brown & Co.,

1972). 여기서 윌슨은 불균등한 번영이 여러 가지 결과를 낳았다고 주장한다. 예를 들어, 번영을 경험하지 않은 이들은 좌절감을 느꼈는데, 1920년대는 여러 가지 떠들썩한 선전과 할부 결제를 내세운 대중소비 또는 '소비주의'가 미국인의 삶을 지배하는 기본적인 특징이 된 시기였기 때문이다. 1차 세계대전 이후 최초로 등장한 무수히 많은 품목은 부유한 중산 계층 시민의 구매 습관을 바꾸어 놓았다(p. XIX). 또한 다음을 보라. G. Turnaturi, "La donna fra il pubblico e il privato : la nascita della casalinga e della consumatrice," *DWF*, nos. 12-13 (July-December 1979). 또한 다음도 참조. A. D. Gordon, M. J. Buhle, and N. E. Schrom, "Women in American Society : A Historical Contribution," *Radical America*, vol. V, no. 4 (July-August 1971), 2nd ed. 1972년 *Radical America* 브로슈어로 만들어짐.

30. 주부가 맡은 업무의 범위가 확대된 점은 다음을 참조. Shorter, *Making of the Modern Family*, R. Smuts, *Women and Work in America* (New York : Schocken Books, 1974). 새롭게 대두된 결혼의 복잡한 특징은 다음을 보라. G. E. Hamilton and K. McGowan, *What is Wrong with Marriage* (New York : Boni, 1929).

31. 다음은 결혼 계약에서 '사랑으로 하는 노동'으로서 발생하는 교환을 분석한 글이다. G. F. Dalla Costa, *Un lavoro d'amore* (Rome : Edizioni delle Donne, 1978), 특히 1장. [영어판 : *The Work of Love* (Brooklyn : Autonomedia, 2008).] 또한 다음을 참조. Mariarosa Dalla Costa and Selma James, *Potere femminile e sovversione sociale* (Padua and Venice : Marsilio, 1972). [영어판 : *The Power of Women and the Subversion of the Community* (Bristol : Falling Wall Press, 1972).] 가사노동, 가사노동 주체인 여성, 단순히 소비가 일어나는 곳이 아니라 노동력이 생산 및 재생산되는 장소인 가족을 분석한 저작으로 다음을 보라. S. Federici, *Wages against Housework* (New York : Power of Women Collective and

Falling Wall Press, 1975); S. Federici and N. Cox, *Counterplanning from the Kitchen* (New York : New York Wages for Housework Committee and Falling Wall Press, 1975). 위 책은 다음 책으로 재출판되었다 : *Revolution at Point Zero* (Oakland : Common Notions/PM Press, 2012) [실비아 페데리치, 『혁명의 영점』, 황성원 옮김, 갈무리, 2013]. 덧붙여, 가사노동에 성(性)과 관련된 과업이 포함된 점을 해석하는 유익한 저작으로 다음이 있다 : S. Federici, *Sexual Work and the Struggle Against It* (미출간작, New York, 1975); L. Fortunati, *L'arcano della riproduzione. Casalinghe, prostitute, operai e capital* (Venice : Marsilio, 1981). [영어판 : *The Arcane of Reproduction : Housework, Prostitution, Labor and Capital* (Brooklyn : Autonomedia, 1995); 한국어판 : 레오뽈디나 포르뚜나띠, 『재생산의 비밀』, 윤수종 옮김, 박종철출판사, 1997.]

32. 가정용 상품 광고에 나타난 현저한 변화는 *Ladies Home Journal* 에서 찾아볼 수 있다. 예를 들어, 1차 세계대전이 일어나기 전에는 여자 집주인이 하녀와 함께 다닌 반면, 전후에는 여주인 혼자 다녔고 '사랑하는 이들을 위해서' 스스로 이런저런 상품을 활용 '해야만' 했다. *Ladies Home Journal*과 *Good Housekeeping*은 대표적으로 가정 내 테일러주의를 옹호하였다.

33. 다음을 보라. B. Ehrenreich and D. English, *For Her Own Good* (New York : Anchor Press, 1978) [바버라 에런라이크·디어드러 잉글리시, 『200년 동안의 거짓말』, 강세영·신영희·임현희 옮김, 푸른길, 2017]. 두 저자는 우리가 살펴보고 있는 시기에 탄생한 세균 이론을 다루기 위해 한 장(章)을 할애한다. 사람들은 먼지에 있는 세균이 결핵을 포함한 많은 심각한 질병을 일으키는 원인이라고 생각했다. 또한, 저자는 새로운 주부상을 '화이트칼라'라고 명시한다. 이는 지적 노동과 육체노동의 지속적인 공생 속에서 자기 일을 전문적으로 처리하는 것이 주부에게 요구되었기 때문이다.

34. 다음을 보라. J. R. Gillis, *Youth and History* (New York : Aca-

demic Press, 1974), 특히 4장.

35. 정치적 억압과 소비 민주주의의 관계에 관한 흥미로운 논평이 다음에 나와 있다. B. Cartosio, "L'ingranaggio operaio nella macchina cinema," *Tute e technicolor* (Milan : Feltrinelli, 1980).

36. 이탈리아어에는 용돈벌이 노동자에 해당되는 표현이 없다. 용돈벌이 노동자의 의미를 이해하려면, 당시 여성이 흔히 모자를 고정시키거나 옷을 장식하는 데에 핀을 사용했다는 점을 기억해야 한다. 용돈벌이 노동자라는 관용구는 생필품이나 가족 부양보다는 사치품에 대한 개인적 욕구를 만족시키기 위해서 일하는 여성을 가리켰다. 따라서 용돈벌이 노동자는 이탈리아어 표현 '여분의 것을 사기 위해서 일하다'보다 더 이기적인 느낌이 내포된 표현이다. 이탈리아어 표현 '여분의 것을 사기 위해서 일하다'는 생필품까지는 아니더라도 가족의 요구를 충족시킨다는 의미는 포함할 수 있다.

37. 위의 수치와 추가 정보는 다음을 참조. D. Yoder, *Labor Economics and Labor Problems* (New York : McGraw-Hill Book Company, [1933] 1939), 347ff.; W. H. Chafe, *The American Woman : Her Changing Social, Economic and Political Roles, 1920-1970* (Oxford, New York, London : Oxford University Press, [1972] 1974); W. D. Wandersee, *Women's Work and Family Values, 1920-1940* (Cambridge and London : Harvard University Press, 1981), 89ff.; L. Wolman, *The Growth of American Trade Unions, 1880-1923*, Publications of the National Bureau of Economic Research, no. 6 (New York, 1924), 100~104.

38. 이 두 기간에 일어난 투쟁에서 가장 중요한 순간을 다룬 논평을 더 자세히 살펴보려면 이 책의 2장을 보라.

39. I. M. Rubinow, *Social Insurance : With Special Reference to American Conditions* (New York : H. Holt and Co., 1913), 435~436, R. Lubove, *The Struggle for Social Security, 1900-1935* (Cambridge, Mass. : Harvard University Press, 1968), 91에서 재인

용. J. Weinstein, *The Corporate Ideal in the Liberal State* (Boston : Beacon Press, 1968)의 연구를 시작으로 최근 몇몇 저작은 1900년대 초기 사회 보험 분야에서 최초로 이뤄진 몇 가지 입법 조치를 소위 '기업 진보주의'(Corporate Liberalism)에 비추어 분석했다. 사회복지입법(예를 들어 노동자 재해 보상에 관한 법률 제정)은 요컨대 자본주의 경제가 가장 효율적이고 유동적으로 작동하도록 보장하기 위해서 거대 기업이 채택한 수단 가운데 하나로 여겨졌다.

40. 공공복지위원회는 1908년 캔자스시티 시청이 빈민구제소 거주자들 사이에 사면과 가석방 위원회(Board of Pardons and Paroles)를 설립하면서 시작되었다. 이듬해부터 공공복지위원회는 빈민구제소를 직접 관리하게 되었다. 1910년에 공공복지위원회의 기능은 지역 사회의 빈민, 범죄자, 실업자, 비참하고 자포자기한 계층을 위해 시(市)가 역할을 하는 것을 포함했고, 이 목적을 위해서 대중을 상대로 기금을 모금하는 사설 기관을 감독하는 것까지 확장되었다. L. A. Halbert, "Board of Public Welfare; A System of Government Social Work," National Conference of Social Work, *Proceedings* (1918), 220~221, Lubove, *The Struggle for Social Security*, 94에서 재인용. 몇 년 지나지 않아 공공복지위원회는 다른 많은 도시로 확대되었다.

41. T. Roosevelt, "Special Message to Congress, February 15, 1909," *Proceedings of the Conference on the Care of Dependent Children*, Washington, DC, January 25-26, 1909.

42. 같은 책.

43. Bock and Duden, "Arbeit aus Liebe, Liebe als Arbeit," *Frauen und Wissenschaft*.

2. 1929년 대공황과 가족 붕괴

1. M. Gobbini, "La tavola rotonda alla Norman Wait Harris Foundation," in M. Gobbini and J. M. Keynes ed., *Inediti sulla crisi* (Rome : Istituto dell'Enciclopedia Italiana, 1976), 44. 다음 글들은 이탈리아에서 1929년 대공황 및 1930년대를 다룬 논쟁에 관해 정치적으로 한 발짝 더 나아간 해석을 내놓는다. A. Negri, "La teoria capitalistica del '29 : John M. Keynes," *Contropiano*, no. 1 (1968) : 3-40; M. Tronti, "Classe operaia e sviluppo," *Contropiano*, no. 3 (1970) : 465-477; S. Bologna et al., *Operai e stato* (Milan : Feltrinelli, 1972). 대공황에 관한 해석은 다음을 보라. C. P. Kindleberger, *The World in Depression, 1929-1939* (London : Allen Lane, The Penguin Press, 1973); 또한 같은 저자의 "Crisi del 1929," *Storia del Nord America*, 46~62.

2. A. M. Schlesinger Jr., *The Age of Roosevelt*, vol. II, *The Coming of the New Deal* (Boston : Houghton Mifflin Company, 1959), 263. 루즈벨트가 취임한 날 1천2백만 명에서 1천5백만 명이 실직 상태(전체 미국 노동자의 4분의 1이상)였다고 추산한다.

3. Gobbini, "La tavola rotonda," 50.

4. D. Guerin, *Il movimento operaio negli Stati Uniti*, trans. M. Maggi (Rome : Editori Riuniti, 1975), 75.

5. I. Bernstein, *The Lean Years : A History of the American Worker, 1920-1933* (Boston : Houghton Mifflin Co., 1972), 54, 251.

6. A. M. Schlesinger Jr., *The Age of Roosevelt*, vol. I, *The Crisis of the Old Order, 1919-1933* (Boston : Houghton Mifflin Co., 1957), 67.

7. 같은 책, 105.

8. Guerin, *Il movimento operaio negli Stati Uniti*, 64.

9. 같은 책.

10. 법원의 입장은 E. Faulkner Baker, *Technology and Woman's Work* (New York : Columbia University Press, 1964), 특히 여성에 관한 보호법을 다루는 21장, 5부를 참조하라. "최소한으로 '보

건이나 생활을 유지'하기 위해 필요한 금액은 한 해 1,820달러에서 2,080달러로 추산되었다. 하지만 노동자 평균 수입이 1,500달러 이상인 적은 1920년대에 한 번도 없었다. 대부분 평균 이하 수입을 벌었다. 1922년 앨라배마의 남성 방직공은 시간당 평균 25센트, 여성 방적공은 17센트를 임금으로 받았다. 노동에 대한 보상으로 여가 시간이 늘어난 것도 아니었다. 주당 평균 노동시간은 계속해서 50시간 정도였고, 어떤 산업 분야에서는 더 길기도 했다. 심지어 1920년대 말 일주일 내내 노동하는 철강노동자는 수만 명에 달했고, 주당 84시간 일하는 노동자도 수천 명이나 있었다. 남부 직물 공장에서 여성과 아동이 주당 54시간에서 60시간, 또는 70시간까지 일했다. 기업주는 보통 주 5일 노동 제안에 반대했다. 1929년 전국제조업자협회(National Association of Manufacturers, NAM) 회장이 '여가는 불행보다 더 빨리 급진주의를 싹트게 한다'고 말했다." Schlesinger, *The Age of Roosevelt*, vol. I, 111~112.

11. 윌리엄 포스터(William Z. Foster)와 엘리자베스 플린(Elisabeth G. Flynn)은 세계산업노동자연맹 회원이었다. 철강노동자는 수많은 소규모 직업 조합으로 세분화되어 있었는데, 이처럼 세분화된 조합이 가지는 조직적 한계를 두 사람의 지도 아래 극복하고자 했다. 특히 철강 부문은 전쟁 기간에 진행된 생산 합리화 때문에 타격을 심하게 받은 터였다. 포스터와 플린은 당시 막 형성된 공산당의 지도자가 되었다. 다음을 보라. E. G. Flynn, *The Rebel Girl : An Autobiography, My First Life, 1906~1926* (New York : International Publishers Co., 1973). 1919년 파업에 관해서는 다음을 보라. C. E. Warne ed., *The Steel Strike of 1919 : Problems in American Civilization* (Boston : D. C. Heath and Co., 1963).

12. G. P. Rawick, "Anni venti : lotte operaie USA," in Bologna et al., *Operai e stato*. 이 글은 테네시주 로레이, 노스캐롤라이나주 댄빌과 가스토니아, 뉴저지주 파세익에서 발생한 파업을 상세하게 설명하고 있다. 공산당이 이 지역에서 중요한 역할을 했는데, 미국노

동총동맹은 낙후된 지역에 사는 자격미달의 노동자를 조합원으로 가입시키지 않았기 때문이다. 섬유나 의류, 저렴한 소비재 부문은 남부에서 대개 백인 남성을, 북부에서는 여성을 고용했다. 여성과 노동조합의 관계는 다음을 보라. A. Henry, *The Trade Union Woman* (New York and London : D. Appleton and Co., 1915) 및 *Women and the Labor Movement* (New York : George H. Doran Co., 1923). 페미니스트 운동과 여성 노동자의 관계는 다음을 보라. A. S. Kraditor, *The Ideas of the Woman Suffrage Movement : 1890-1920*; Kraditor ed., *Up from the Pedestal : Selected Writings in the History of American Feminism* (Chicago : Quadrangle Books, 1968); W. O'Neill, *Everyone was Brave : A History of Feminism in America* (Chicago : Quadrangle Books, 1971); H. Marot, *American Labor Unions, by a Member* (New York : H. Holt and Co., 1915). 여성노동자, 사회개혁가, 관심 있는 중산층 여성이 20세기 초 공장에서 벌어진 실상을 상세히 기록했다. 다음을 보라. D. Richardson, *The Long Day : The Story of a New York Working Girl as Told by Herself* (New York : The Century Co., 1905); E. Dean Bullock, *Selected Articles on the Employment of Women* (Minneapolis : The H. W. Wilson Co., 1911); G. Hughes, *Mothers in Industry : Wage Earning by Mothers in Philadelphia* (New York : New Republic Inc., 1925). 사회복지사의 체험은 다음을 보라. A. Davis, *Spearheads of Reform* (New York : Oxford University Press, 1967). 다음은 여성 고용에 관한 개괄서이다. J. Hill, *Women in Gainful Occupations, 1870-1920 : A Study of the Trend* (Washington, DC : U.S. Government Printing Office, 1929).

13. 여성노동조합연맹은 국제여성의류노동자조합(International Ladies' Garment Workers' Union)과 함께 활동했다. 국제여성의류노동자조합 본부는 미국노동총동맹 관료들과 손을 잡은 경영진과 자주 충돌했다. 여성노동조합연맹의 역사는 다음을 보라. G. Boone,

The Women's Trade Union Leagues in Great Britain and in the United States of America (New York : AMS Press, 1968). 앞서 언급한 모든 범주에 속하는 여성 노동자의 근로 조건 및 관련 투쟁도 같은 책을 보라. 1920년대 직전까지 산업 전반에서 일어난 여성 임금 성장의 역사는 다음을 보라. E. J. Hutchinson, *Women's Wages : A Study of the Wages of Industrial Women and Measures Suggested to Increase Them* (New York : AMS Press, 1968). Baker, T*echnology and Woman's Work*를 보면 최저임금법이 모든 남성과 저임금 노동 여성을 위해서 뉴질랜드, 호주, 영국에서 최초로 제정되었고, 이후 1912년에 미국 내 최초로 매사추세츠주에서 법제화되었음을 알 수 있다. 그러나 당시 법은 여성의 최저임금을 강제하지 않아서 법적용은 순전히 여론에 따라 이루어졌다. 소비자연맹과 여성노동조합연맹이 협력하여 여성을 위한 최저임금을 지지했고, 비슷한 법이 여러 주에서 통과되었다. 하지만 그중 몇몇은 무효화되기도 했다. 사법부는 여성 참정권을 인정하는 헌법 수정 제9조가 최근에 제정된 것을 언급하면서, 여성의 지위가 남성과 동등해졌기 때문에 더 이상 여성을 보호해 줄 필요가 없다고 말했다. 1920년대에 사법부는 여러 여성 최저임금법이 위헌이라고 공표했다.

14. 실제로 그러한 법은 계약 당사자가 가진 계약의 자유를 제한할 것이고, 사법부는 이러한 계약 자유 제한이 공산주의 정신에 해당한다고 보았다. 다음을 참조. Boone, *The Women's Trade Union Leagues.*

15. 같은 책. 또한 다음 책을 보라. Yoder, *Labor Economics and Labor Problems.*

16. The Women's Bureau, "Industrial Homework," *Bulletin*, no. 79 (Washington, 1930). 이 글에서는 재택 업무로 판지에 단추, 고리, 안전핀 달기, 양말대님 깁기, 장신구, 등, 분첩, 깔개 만들기 등을 명시하고 있다.

17. 다음을 참조하라. Yoder, *Labor Economics and Labor Problems*, 365ff. 1936년 9개 주에서는 집에서 하는 노동에 관한 법률이 있었다. 1939년에 이 법을 가진 주가 24개로 늘었다. 입법이 더디게 진행된 이유는 다른 무엇보다도 "법률이 시민의 가정을 침범하는 것을 허용하기"(370)를 법원이 꺼렸기 때문이다. 같은 글 367에 있는 1911년부터 1930년까지 재택근무 성과와 산업 고용을 비교하는 흥미로운 표를 보라. 또한 다음을 참조. S. M. Soffee, "Industrial Housework in Pennsylvania," *American Federationist*, vol. 36, no. 9 (September 1929) : 1062~1063.

18. Boone, *The Women's Trade Union Leagues*, 114ff. 저자는 여성클럽연맹(General Federation of Women's Clubs)과 맺는 협력 관계도 강조한다. 1908년 시카고연맹(League of Chicago, 또는 일리노이연맹[Illinois League])은 주지사에게 일일 노동시간을 8시간으로 제한하는 법률을 만들고 재택근무를 조사하는 위원회를 설립할 것을 촉구했다. 1918년에 여성연맹, 소비자연맹, 여성클럽연맹, 기독교여자청년회가 협력하여 노동부(1912년 설립) 내에 산업계에서 일하는 여성을 위한 관청(Women in Industry Service) 설립을 이끌었다. 이 관청은 1920년에 독립 부서로 인정받아, 여성국으로 불리게 된다. 근로자교육국(Worker's Education Bureau)도 1921년에 설립되었다. 한동안 안전 문제가 제기되었는데, 주로 화재로부터 근로자를 보호할 목적이었다. 여러 지역 연맹이 화재에 대한 대책을 요구했다. "1911년 봄, 트라이앵글 셔츠웨이스트 공장(Triangle Shirtwaist Factory) 화재로 숨진 소녀들이 150여 명에 달했다. 그들은 좁은 공간에 갇혀 질식하거나, 건물 아래로 비명을 지르며 뛰어내렸다. 이 참사로 충격에 빠진 대중이 시위에 나섰고, 안전 문제에 관한 시민위원회가 만들어졌다……. 프랜시스 퍼킨스(Frances Perkins)는 시민위원회 조사관 신분으로…… 밥 와그너(Bob Wagner)로 하여금 벽에 '화재 비상구'라고 표시된 아주 작은 구멍으로 기어들어 가 얼음으로 뒤덮인 가파른 철제 사다리를 타고 지상 12피트 높이까지

올라가게 했다." Schlesinger, *The Age of Roosevelt*, vol. I, 96. 이와 관련하여 로즈 슈나이더만의 연설도 참조. Boone, *The Women's Trade Union Leagues*, 189.

19. J. L. Davis, "Safeguarding the Mothers of Tomorrow," *Gazette of Colorado Springs*, November 5, 1922. 1929년 연맹의 전당 대회에서 로즈 슈나이더만은 공장에서 일어나는 여성 문제가 점점 더 복잡해지고 있다고 신중하게 말했다. 그녀는 여성이 공장에서 더 이상 임시로 고용된 존재가 아니라는 점, 심지어 결혼한 여성도 계속 일하려 한다는 점을 지적했다. Boone, *The Women's Trade Union Leagues*, 188을 보라. 슈나이더만은 자본이 1929년 직전 몇 년간 여성 고용을 낮은 수준으로 유지하려고 버텼지만 여성이 유급노동으로 진입하여 되돌릴 수 없는 변화를 가져왔으며, 결혼한 여성이 이러한 변화에서 특히 중요한 역할을 했다는 사실을 간파하였다.

20. 세계산업노동자연맹이 벌였던 운동은 주로 전쟁 기간에 말살되었다. 이에 덧붙여 이민자 공동체에 쏟아진 맹렬한 공격 가운데 사코(Nicola Sacco)와 반제티(Bartolomeo Vanzetti)의 이야기를 떠올리지 않을 수 없다.

21. 우즈는 "국회에 보낼 대통령 교서 초안을 후버에게 제출했다. 이 초안은 빈민가 철거, 저가 주택 건설, 시골 지역 전력 사용을 포함한 공공사업 계획을 촉구하고 있었다. 우즈와 그가 맡은 위원회는 상원의원 로버트 와그너가 제출한 법안에도 찬성했는데, 이 법안은 공공사업을 사전에 계획하고 전국에 고용 관련 서비스 마련을 제안했다. 그러나 후버는 우즈가 제안한 프로그램을 거부했고, 의회에서 평소처럼 낙관주의로 일관된 연설을 했다." Schlesinger, *The Age of Roosevelt*, vol. I, 170.

22. Bernstein, *The Lean Years*, 254, 256, 257.

23. 영세 기업인 수백 명이 자신의 회사가 파산하자 자살한 일은 잘 알려져 있다.

24. Schlesinger, *The Age of Roosevelt*, vol. I, 171.

25. "시카고 시민들이 …… 쓰레기차가 떠나자마자 막대기와 손으로 쓰레기 더미를 파헤치는 모습을 볼 수 있었다." 같은 책.

26. 미국 흑인의 고용 구조를 가장 종합적으로 다루고 있는 저작은 와튼 스쿨의 산업연구단(Wharton School of Finance and Commerce, Industrial Research Unit)이 편집한 전공 논문 시리즈, *Studies of Negro Employment*이다. 이 시리즈는 20권이 넘는데, 필라델피아에 위치한 펜실베니아 대학 출판부가 1968년부터 발간, 주로 노스럽(R. Northrup)의 지도하에 완간되었다. 1차 세계대전이 일어나면서 상당한 세력을 갖춘 몇몇 흑인 노동자 집단이 거대 산업의 대량 생산 현장, 특히 자동차·육류·철강 산업에 진입했다. 자동차 부문에서는 자동 조립 라인이 가져온 단조로운 작업리듬 때문에 쉽게 직장을 떠나는 백인 노동자를 흑인 노동자가 대체한 것이다. 동시에, 자본은 이민을 막는 정책 때문에 외국인 노동자를 고용할 수 없었으므로 흑인 노동자가 필요했다.

27. 여성과 마찬가지로 흑인 역시 2차 세계대전이 발발하면서 산업 전반에 대거 진입했다. 1942년, 필립 랜돌프(A. Philip Randolph)가 이끄는 운반인 노조는 『데일리 워커』(*Daily Worker*) 지면을 빌어, 군수 산업 분야 채용 과정에 존재하는 인종 차별에 대해 조치를 취하지 않으면 워싱턴에서 행진을 할 것이라고 위협했다. 그리하여 루즈벨트는 그 유명한 연방 명령 8802를 발표하여 군수 산업 내 흑인 고용을 촉구했다. 또한 공정고용실행위원회(Fair Employment Practices Commission)도 설치했다. 추후 살펴보겠지만, 흑인이 1930년대에 펼친 저항 및 투쟁이 2차 세계대전 동안 강력하게 자기 권리를 주장한 일로 이어졌다는 점을 잊지 말아야 한다.

28. 대공황이 가족 질서에 미친 영향을 평가한 사회학 연구는 무수히 많다. 몇 가지만 예를 들어 보겠다. Bernstein, *The Lean Years*; E. W. Bakke, *The Unemployed Man : A Social Study* (New York : E. P. Dutton and Co., 1934); R. A. Cooley, *The Family Encounters the Depression* (New York : Charles Scribner's Sons,

1936); S. Stouffer and P. Lazarsfeld, "Research Memorandum on the Family in the Depression," *Social Science Research Council Bulletin*, no. 29; M. Komarovsky, *The Unemployed Man and His Family : The Effect of Unemployment upon the Status of the Man in Fifty-nine Families* (New York : The Dryden Press Inc., 1940). R. S. Lynd and H. M. Lynd, *Middletown*, vol. I과 *Middletown in Transition : A Study in Cultural Conflicts*, vol. II (New York : Harcourt, Brace & Co., 1929 and 1937). 마지막 책 두 권은 명실상부하게 고전으로 자리매김하였다. 이 두 책은 대공황이 중간 규모 도시에 끼친 영향을 사회학적으로 검토한 저작 가운데 가장 유명한 것으로, 1925년(vol. I)과 1935년(vol. II)을 중심으로 살펴보고 있다. 저자들은 가족 관계 변화에 특별히 관심을 기울인다. 또한 다음을 보라. A. E. Wood and J. Barker Waite, *Crime and Its Treatment : Social and Legal Aspects of Criminology* (New York : American Book Co., 1941); M. A. Elliot and F. E. Merrill, *Social Disorganization* (New York : Harper and Brothers, 1936).

29. 다음을 보라. C. Lombroso (with G. Lombroso-Ferrero), *Criminal Man, According to the Classification of Cesare Lombroso* (New York : Putnam, [1911] 1975). 범죄를 병리학적으로 설명할 때 성조숙증이 자주 언급된다. 다음을 보라. Elliott and Merrill, *Social Disorganization*.

30. Elliott and Merrill, *Social Disorganization*, 100.

31. [옮긴이] 1920년대.

32. Schlesinger, *The Age of Roosevelt*, vol. I, 171.

33. 대공황을 다룬 여러 고전과 더불어, 유동적인 가족 질서에 관해서는 다음을 참조하라. C. C. Zimmerman and N. L. Whetten, *Rural Families on Relief* (New York : Capo Press Reprint Series, 1971); R. S. Cavan and K. H. Ranck, *The Family and the Depression : A Study of One Hundred Chicago Families* (New York : Arno Press

and The New York Times, 1971); *Women Workers after a Plant Shutdown* (Harrisburg : Pennsylvania Department of Labor and Industry, Bureau of Women and Children, Special Bulletin, no. 26, 1933). 1933년에는 인구의 3분의 1, 즉 4천만 명에 육박하는 성인 남녀와 아동이 정기적인 수입원 없이 살고 있었다.

34. Schlesinger, *The Age of Roosevelt*, vol. I, 251 : "그들은 기차 완충 장치에 올라타거나 지나가는 차량을 얻어 타서 이동했고, 도시에 있는 노숙자 보호소나 기차역에서 잠을 잤다. …… 잠깐이지만 2십만 명에서 3십만 명쯤 되는 청년이 미국판 집 없는 사람들(bezprizorni), 길 위의 야생 소년처럼 보였다."

35. Bernstein, *The Lean Years*, 325. 여성 부랑자에 관해서는 다음을 보라. B. Reitman, *Sister of the Road : The Autobiography of Boxcar Bertha* (New York : Harper and Row, 1975).

36. Schlesinger, *The Age of Roosevelt*, vol. I, 259.

37. Bernstein, *The Lean Years*, 328. 또한 다음에 실린 인터뷰를 보라. Studs Terkel, *Hard Times : An Oral History of the Great Depression* (New York : Pantheon Books/Avon Books, 1970) 한 여성이 혼인이 감소한 원인을 말하는 부분이 특히 흥미롭다. "우리가 젊었을 때 주위에 젊은 남자들이 있긴 했어요. 하지만 그들은 어머니를 부양하고 있었죠. 기회가 아주 없었던 건 아니에요. 대공황이 닥쳤을 때 전 연애를 하고 있었고, 우린 아마 결혼도 했을 거예요. 그는 상업 예술가로 잘 나가고 있었으니까요. 어느 날 밤 그가 이렇게 말했던 기억이 나요, '꽤 많은 남자가 그냥 해고를 당했어.' 다음이 자기 차례가 될 줄은 꿈에도 몰랐던 거예요. 그는 다른 대부분의 남자보다 나이가 많았고 자신감에 차 있었어요. 이건 '그'에게 일어날 종류의 일은 아니었던 거죠. 그는 난데없이 해고됐고, 엄청난 충격을 받았어요. 그러고는 갑자기 사라져 버렸어요"(447). 이와 관련하여 다음 연구도 보라. Ruth Milkman, "Women's Work and the Economic Crisis," *Review of Radical Political Economics*, vol. 8,

no. 1 (1976).

38. Bernstein, *The Lean Years*, 328 및 Schlesinger, *The Age of Roosevelt*, vol. I, 251. 출산율 감소와 1935년 이후 출산율 회복에 관한 고찰은 다음을 살펴보라. John Philip Wernette, *Government and Business* (New York : The Macmillan Co., 1964).

39. Bernstein, *The Lean Years*, 328.

40. Schlesinger, *The Age of Roosevelt*, vol. I, 171.

41. Bernstein, *The Lean Years*, 325.

42. Elliott and Merrill, *Social Disorganization*, 170.

43. Cavan and Ranck, *Family and the Depression* 그리고 Komarovsky, *Unemployed Man and His Family*.

44. Bernstein, *The Lean Years*, 331.

45. F. Fox Piven and R. A. Cloward, *Poor People's Movements : Why They Succeed, How They Fail* (New York : Vintage Books, 1979), 48.

46. Bernstein, *The Lean Years*, 327.

47. 같은 책, 328. 또한 다음을 보라. Milkman, "Women's Work and the Economic Crisis."

48. 같은 책.

49. Bernstein, *The Lean Years*, 327~328.

50. Elliott and Merrill, *Social Disorganization*, 97ff. 다음도 참조. Bernstein, *The Lean Years*, 422.

51. President's Research Committee on Social Trends, *Recent Social Trends in the United States* (New York : McGraw-Hill Books, 1933).

52. 엘리엇과 메릴은 일하는 청년이 법률을 위반할 확률이 4배로 늘었다고 추정한다. *Social Disorganization*, 100을 보라. 1934년 이전에 실시된 조사에서 교도소 수감 청소년의 69퍼센트는 신문판매원이었다. 또한 다음을 보라. Wood and Waite, *Crime and Its Treat-*

ment, 159.

53. Elliot and Merrill, *Social Disorganization*, 87.

54. 같은 책, 89.

55. 다음 논평도 참조. Elliot and Merrill, *Social Disorganization*, 95ff.

56. E. F. Frazier, *The Negro Family in the United States* (New York : Dryden Press, 1951), 223. H. G. Gutman, *The Black Family in Slavery and Freedom, 1750-1925* (New York : Vintage Books, 1977). 이 책은 미국 흑인 가족 및 흑인 공동체의 역사를 다룬 핵심 저작으로, 프레지어가 해석한 내용과 대체로 반대되는 내용을 써서 악명이 높다. 이탈리아어로 번역된 가장 훌륭한 연구로 다음을 들 수 있다. G. P. Rawick, *From Sundown to Sunup : The Making of the Black Community* (Westport, CT : Greenwood Publishing Co., 1972). 흑인 여성이 우리가 살펴보고 있는 시기와 관련하여 증언한 것은 다음을 보라. G. Lerner ed., *Black Women in White America : A Documentary History* (New York : Vintage Books, 1973).

57. Rawick, *From Sundown to Sunup*, 157.

58. E. F. Frazier, *The Negro in the United States* (Toronto : Macmillan Co., 1957), 599. 다음 연구도 보라. R. Sterner, *The Negro's Share*, New York, 1943; National Urban League, *Unemployment Status of Negroes : A Compilation of Facts and Figures Respecting Unemployment in One Hundred and Six Cities* (New York, 1931); and National Urban League, *The Forgotten Tenth : An Analysis of Unemployment Among Negroes in the United States and its Social Costs, 1932~33* (New York, 1933).

59. 다음을 참조. Frazier, *The Negro Family in the United States*, 217.

60. 같은 책, 220.

61. [영역자] '환락 지구', 좀 더 넓게 말해 시카고 남부 '흑인 밀집 지대'(Black Belt)는 시카고에 살던 아프리카계 미국인 인구의 근거지이자, 1920년대 재즈 시대의 전성기 시절 활기찬 흑인 예술(Black Arts) 공동체이기도 했다.

62. 다음을 참조. Frazier, *The Negro in the United States*, 579.

63. Elliot and Merrill, *Social Disorganization*, 170.

64. 같은 책, 577~579, 581~583.

65. Frazier, *The Negro in the United States*, 577.

3. 투쟁 방식과 실업자 결집

1. 대공황 이전 실업자 원조에 관한 역사는 다음을 보라. Lubove, *The Struggle for Social Security*, 144~180. 미국노동입법협회(American Association of Labor Legislation, AALL)는 1914년 두 개의 전국 회의를 조직했고, 이 회의에서 1914년부터 1915년까지 실행한 '실용적 프로그램'이 탄생했다. 이 프로그램은 실업 현상이 개인적인 사유나 일하기를 꺼려서 발생하는 것이 아니라 현재의 사회 구성 방식에 내재하고 있다는 점을 인정하는 한편, 해결책으로 정부 기관이 주도하여 일자리를 더 잘 배분하고, 견습직과 공공 일자리를 창출하며('보조원' 등을 뽑는 가짜 일자리가 되지 않도록 하라는 경고도 포함한다), 고용을 안정시키고 이직률을 낮추는 방안을 마련하고, 농업을 부활시키는 등 여러 조치를 제시했다. 실업 현상은 근본적으로 시장의 불합리성에 기인하므로, 더욱 공정하게 고용 기회를 배분하고 그 기회에 맞춰 노동 인구를 분포시킴으로써 극복할 수 있는 문제였다. 미국노동입법협회는 타국으로 가는 이주 정책이 미국으로 오는 엄청나게 많은 이민자를 더욱 적절하게 배분할 수 있도록 '적극적'으로 이뤄져야 한다고 주장했다. 제안 목록 마지막에는 이런 총체적인 재분배 노력에도 회복이 불가능한 사람에 대한 내용을 추가하여, 정신박

약자는 격리시키고 능숙하지 못한 직업인과 반(半)범죄자 집단은 유형지에서 농업 활동을 시킬 것을 제안하고 있다.

2. Bernstein, *The Lean Years*, 328. "특히 대공황 초기에 여성들은 일자리가 없다는 사실을 믿으려 하지 않았고 남성에게 문제가 있는 게 틀림없다고 생각했다. 필라델피아의 한 실직 남성은 '누구라도 좀 보내서 …… 당신이 내게 줄 일자리가 없다는 걸 아내에게 말해 줄 수 없나요?'라고 사회복지사에게 요청하며, '아내는 내가 일하고 싶어 하지 않는다고 생각해요'라고 말했다."

3. 다음을 보라. W. E. Leuchtenburg, "La grande depressione" in M. Vaudagna ed., *Il New Deal* (Bologna : Il Mulino, 1981), 317~318. "역경에 익숙하지 않았던 미국인들은 1920년대 경제 번영을 누리지 않은 다른 나라보다 대공황을 더 힘들게 겪어냈다. …… 대공황은 미국 문명의 특수성인 미국적 자신감에 타격을 입혔다."

4. R. O. Boyer and H. M. Morais, *Labor's Untold Story* (New York : United Electrical, Radio and Machine Workers of America, [1955] 1970), 250~251.

5. 같은 책, 256, 259. 이웃과 실직자대책협의회가 끼어들어서 이야기가 중단되었다. 그로썹 씨가 집에서 쫓겨났기 때문에 그들이 거리에서 그로썹 씨의 가구를 되찾아 주려 한 것이다. "그로썹 씨는 어떻게 이 모든 일이 일어났는지 전혀 알지 못했다. 오래 가지 못할 행복이었다. 다시 집과 힘을 찾은 것 같았고, 친구도 있었다 …… . 마치 파티에 온 것처럼 모두가 소리치며 웃고 있었고 그로썹 씨는 한 번도 만난 적 없는, 적어도 스무 명은 될 법한 사람들과 악수했다. 흑인 실업자들의 지도자 휴 헨더슨(Hugh Henderson)은 샌드위치 한 개를 손에 든 채 현관에서 연설을 하고 있었다. 어쩌다가 그로썹 씨도 연설을 하게 되었다 …… . 사람들이 환호했다. 일부는 가버렸지만 더 많은 이들이 집 안에 있는 것 같았다 …… . 그로썹 씨는 엄청난 긴장감과 끔찍한 외로움이 혈관에서 조금씩 빠져나감을 느꼈다. 전에는 자신이 얼마나 비참한 상태인지 알지 못했다. 사람은 혼자서는 아무것도 할 수

없다. 여태까지는 얼마나 많은 사람이 자신과 같은 일을 겪고 있는지 알지 못했다."

6. L. Adamic, *My America, 1928~1938* (New York : Harpers and Brothers, 1938), 309, in J. Brecher, *Strike!* (San Francisco : Straight Arrow Books, 1972), 144. 이 글은 실직자와 노동자 투쟁에 관해 유용한 정보를 제공한다.

7. Bernstein, *The Lean Years*, 421~423.

8. P. Ortoleva, " 'Republic of the Penniless' : radicalismo politico e 'radicalismo sociale' tra i disoccupati americani, 1929~1933," *Rivista di storia contemporanea*, fasc. 3, a. X (July 1981) : 387~416.

9. Brecher, *Strike!*의 5장은 대공황 기간에 이 구호를 외쳤던 투쟁 이야기로 시작한다(144). 다음 글은 1933년까지 있었던 실업자 운동에 관해서 체계적으로 고찰하였다. P. Ortoleva "Il movimento dei disoccupati negli Usa (1930~1933)," *Primo Maggio*, no. 8 (Spring 1977).

10. Piven and Cloward, *Poor People's Movements*는 공산주의자, 사회주의자, 머스티주의자의 역할, 특히 그들이 전국에서 조직적인 활동을 위해 펼친 노력에 관해서 길게 논평하고 있다.

11. Bernstein, *The Lean Years*, 426~427.

12. 같은 책, 427.

13. 이 금액은 1945년이 되어서야 지불되었다.

14. Schlesinger, *The Age of Roosevelt*, vol. I, 262. 또한 다음을 참조. Bernstein, *The Lean Years*, 453.

15. Schlesinger, *The Age of Roosevelt*, vol. II, 256.

16. 같은 책, 241.

17. 1930년대 말까지 공무원 고용이 주로 정당 지지 여부에 따라 제한되어 있었음을 기억해야 한다. 1939년 연방 차원의 요청으로 정부는 정당 지지 여부 대신 능력 중심 기준과 권위의 원칙을 도입하여, 정부 통제를 벗어나 지역 권력이 형성되는 일을 막으려 했다.

18. 이 시위나 유혈 사태로 끝난 다른 시위에 관해서 다음 책에서 상세하게 설명한다. H. D. Lasswell and D. Blumenstock, *World Revolutionary Propaganda* (Plainview : Books for Libraries Press, 1970). 실제로 시카고는 이미 퇴거에 맞선 투쟁 및 다른 투쟁들이 빈번히, 자발적으로 분출하는 현장이었다. 이러한 투쟁은 우리가 살펴보고 있는 시기뿐만 아니라 1873년에 무정부주의자 2만 명이 '빵이 아니면 피를'이라고 외치면서 시의회 본부로 행진했을 때에도 일어났다. 1873년 뉴욕에서도 1만 명에서 1만 5천 명이 행진에 참여했다. 다음을 보라. L. H. Feder, *Unemployment Relief in Periods of Depressions* (New York : Russel Sage Foundation, 1936).

19. A. M. Schlesinger Jr., *The Age of Roosevelt*, vol. III, *The Politics of Upheaval, 1935-1936* (Boston : Houghton Mifflin Company, 1960), 29. 또한 3장도 보라.

20. F. Fox Piven and R. A. Cloward, *Regulating the Poor : The Functions of Public Welfare* (New York : Vintage Books, 1971), 101. 이 책은 대공황 기간에 일어난 투쟁을 다룬 고전이다. 다음을 참조. A. Holtzman, *The Townsend Movement* (New York : Bookman, 1963).

21. 미국에서 뉴딜 시기의 다양한 이념적 위치를 분석한 가장 훌륭한 저작으로 호프스태터(Richard Hofstadter)의 책 두 권을 들 수 있다. *The American Political Tradition and the Men Who Made It* (New York : Alfred A. Knopf, 1951) 및 *The Age of Reform : From Bryan to F. D. Roosevelt* (chap. 1, n. 20을 보라)이다.

22. Schlesinger, *The Age of Roosevelt*, vol. III, 42.

23. *The American Progress*, vol. I, no. 32 (March 29, 1934) : 1. 다음에서 재인용. B. Rauch, *The History of the New Deal, 1933-1938* (New York : Capricorn Books, 1963), 172. 또한 다음 책을 참조. T. H. William, *Huey Long* (New York : Alfred A. Knopf, 1970).

24. 다음을 보라. C. J. Tull, *Father Coughlin and the New Deal* (Syr-

acuse : Syracuse University Press, 1965). 많은 사람이 코글린 신부 역시 모호한 면을 가지고 있다는 데 동의한다. 그는 자신이 반유대 주의자임을 공개적으로 선언했다고 알려져 있다.

25. R. Hofstadter and M. Wallace, *American Violence : A Documentary History* (New York : Vintage Books, 1971), 159. 1932년 지방 의회가 정부 기관에 침입한 실업자 집단 통계를 냈을 때, 할렘에서 가장의 80퍼센트가 실업자였다.

26. Piven and Cloward, *Poor People's Movements*, 53.

27. 같은 책, 54~55. 또한 다음을 참조. Bernstein, *The Lean Years* 및 Lasswell and Blumenstock, *World Revolutionary Propaganda*.

28. Boyer and Morais, *Labor's Untold Story*, 260.

29. Schlesinger, *The Age of Roosevelt*, vol. I, 251.

30. P. Ortoleva, "Republic of the Penniless," 401, 408, 410.

31. 같은 책.

32. Brecher, *Strike!*, 146.

33. 같은 책, 147.

34. 같은 책.

35. Bernstein, *The Lean Years*, 322.

36. 공장 투쟁에 관해서는 마지막 장을 보라.

4. 후버와 루즈벨트

1. Hofstadter, *The American Political Tradition*, 372~373.

2. 같은 책, 390. 다음도 보라. W. S. Myers ed., *The State Papers and Other Writings of Herbert Hoover*, 2 vols. (New York : Doubleday, 1934); W. S. Myers and W. H. Newton eds., *The Hoover Administration : A Documented Narrative* (New York and London : Scribner's Sons, 1936).

3. Schlesinger, *The Age of Roosevelt*, vol. I, 169.

4. 같은 책.

5. Hofstadter, *The American Political Tradition*. 399에서 호프스태터는 다음과 같이 말한다. "후버가 구제에 대해 취한 태도의 기저를 이루는 독특한 경제 신학은 1930년 가뭄이 남긴 정치적 후유증에서 잘 드러난다. 12월에 후버는 비탄에 잠긴 아칸소 농부들이 가축을 구할 수 있도록 의회가 4천5백만 달러를 지출하는 것을 승인했다. 그러나 농부들과 그들의 가족에게 식량을 제공할 수 있도록 추가로 2천5백만 달러를 지출하는 데는 반대했고, 적십자가 그들을 돌봐줄 수 있다고 주장했다." 다음도 참조. Schlesinger, *The Age of Roosevelt*, vol. I, 175.

6. 같은 책. 다음도 참조. Schlesinger, *The Age of Roosevelt*, vol. I, 184~185.

7. Schlesinger, *The Age of Roosevelt*, vol. I, 178~179. 후버와 생각이 같았던 그는 사회 불안, 즉 '거인처럼' 다른 모든 문제를 가리고 있는 진짜 문제는 실업이 아니라 범죄라고 주장했다. 같은 책, 177.

8. 같은 책, 176.

9. 다음을 참조. J. Pool and S. Pool, *Who Financed Hitler* (New York : Dial Press, 1979), 96.

10. 같은 책, 181.

11. 같은 책, 181.

12. Schlesinger, *The Age of Roosevelt*, vol. I, 241. 다음도 참조. G. Nash, "Herbert Hoover and the Origins of the Reconstruction Finance Corporation," *Mississippi Valley Historical Review*, XLVI, (December 1959).

13. Schlesinger, *The Age of Roosevelt*, vol. I, 236.

14. "양 대전 사이에 겪은 대량 실업은 크게 두 가지 유형으로 구분할 수 있다. 하나는 특수한, 지역적(또는 '구조적인') 실업으로 평시 상황에서 요구되는 규모를 넘어서 전시 기간으로 확대되었거나, 기술

적, 정치적 또는 다른 발달의 결과로 수요가 영구적으로 줄어든 산업에서 발생했다 ……. 다른 하나는 경기 순환과 결부된 보편적 실업이었는데, 특정 산업에만 국한되지 않고 경제 전반에 퍼져 있었으며, 일반적으로 유효 수요 결핍 또는 디플레이션을 반영했다." 다음을 보라. H. W. Arndt, *The Economic Lessons of the Nineteen-Thirties* (New York : Oxford University Press, 1949), 250~251.

15. 루즈벨트에 관한 대표 자료는 다음과 같다. S. I. Rosenman ed., *The Public Papers and Addresses of Franklin Delano Roosevelt*, 13 vols. (New York : Random House, 1938~50), 같은 저자의 *Working with Roosevelt* (New York : Harper, 1952). 또한 다음도 보라. J. M. Burns, *Roosevelt : The Lion and the Fox* (New York : Harcourt, Brace & Co., 1956); E. E. Robinson, *The Roosevelt Leadership, 1933-1945* (Philadelphia : Lippincott, 1955); W. E. Leuchtenburg, *F. D. Roosevelt and the New Deal, 1932-1940* (Roma-Bari : Laterza, 1976). 회고록은 다음을 보라. F. Perkins, *The Roosevelt I Knew* (New York : Viking Press, 1946)와 R. G. Tugwell, *The Democratic Roosevelt* (New York : Doubleday, 1957).

16. 다음을 참조. L. Ferrari Bravo, "Il New Deal e il nuovo assetto delle istituzioni capitalistiche," in Bologna et al., *Operai e stato* (Milan : Feltrinelli, 1972). 본 저작의 뉴딜 관련 참고문헌 목록이 불완전한 것은 뉴딜 관련 문헌의 규모가 작기 때문이 아니라, 논의하고 있는 문제와 가장 직결되는 자료를 우선적으로 추렸기 때문이다. 뉴딜에 관해서 좀 더 일반적인 개요를 원한다면, 이 책이 인용하고 있는 대공황에 관한 고전(주로 Schlesinger, Bernstein, Leuchtenburg, Hofstadter 등) 외에도 추가로 다음을 보라 : C. Beard and G. F. Smith, *The Old Deal and the New*, (New York : Macmillan Co., 1940); Rauch, *History of the New Deal*; M. Einaudi, *The Roosevelt Revolution* (New York : Harcourt and Brace, 1959); E. C.

Rozwenc ed., *The New Deal : Revolution or Evolution?*, Problems in American Civilization Series, Amherst College (Boston : D. C. Heath and Co., 1959); W. Davies, *The New Deal : Interpretations* (New York : Macmillan, 1964); O. L. Graham Jr., *The New Deal : The Critical Issues* (Boston : Little Brown and Co., 1971). 또한 다음 선집도 있다. F. Mancini ed., *Il pensiero politico nell'età di Roosevelt* (Bologna : Il Mulino, 1962); Tronti, *Operai e capitale*; F. Villari, *Il New Deal* (Rome : Editori Riuniti, 1977).

좀 더 최근에 이탈리아에서 출간된 것으로 다음이 있다. A. Duso ed., *Economia e istituzioni del New Deal* (Bari : De Donato, 1980) 은 Adolf A. Berle et al., *America's Recovery Program*, trans. A. Cecconi (New York : Oxford University Press, 1934)에 포함된 글들을 모아놓았다; M. Telò ed., *Crisi e piano* (Bari : De Donato, 1979); Vaudagna, *Il New Deal*(특히 서문)과 같은 저자의 "New Deal," *Storia del Nord America*, 262~297 그리고 *Corporativismo e New Deal* (Torino : Rosenberg & Sellier, 1981).

좀 더 최근에 이뤄진 논의 중에 1978년 11월 18~19일 프라토치에에서 "1930년대 국가와 자본주의적 변화들"(State and Capitalist Transformations in the 1930s)이라는 제목으로 그람시 인스티튜트(Gramsci Institute)가 주최한 세미나를 참조하라. 이와 관련해서 다음을 보라. *Rinascita*, no. 48 (December 8, 1978) 13~26; *Il Manifesto*가 조직한 원탁회의 "우리 시대의 1930년대"(The 1930s of Our Day), 1978년 12월 2일 *Il Manifesto*를 보라; 피에몬테주, 토리노현, 토리노시와 Lelio and Lisli Basso Foundation "ISSOCO"가 조직하여 1981년 12월 15~19일 토리노에서 열린 컨퍼런스 "역사와 다가올 미래 사이 복지 국가의 변화"(The Transformations of the Welfare State Between History and Future Prospecting)를 보라.

17. 연방긴급구제국 이전에는 긴급은행법(Emergency Banking Act), 경제법(Economy Act), 민간인보호단체(Civil Conservation Corps)

설립이나 금본위제 포기 같은 긴급 조치가 있었다. 연방긴급구제국을 시작으로 국가 농업 정책을 요구했던 농업조정법(Agricultural Adjustment Act), 농업 자산에 자금을 조달하기 위해 융자를 제공했던 긴급농장융자법(Emergency Farm Mortgage Act), 테네시강 유역 개발을 계획했던 테네시강유역개발공사법(Tennessee Valley Authority Act), 주택 융자를 위해 자금을 제공했던 주택소유주대부법(Home Owners' Loan Act), 전국산업부흥법(National Industrial Recovery Act)이 뒤따랐다. 법률 내용에 관한 상세한 설명과 구제 관련 조항에 관한 더 자세한 정보 및 논평을 원한다면 다음을 보라 : Schlesinger, *The Age of Roosevelt*; John P. Wernette, *Government and Business*; M. Fainsod, L. Gordon, and J. C. Palamountain Jr., *Government and the American Economy*, (New York : Norton, [1941] 1948).

18. 그러나 연방긴급구제국이 지역 공공 기관과 직접 거래한 것은 아니다. 할당된 5억 달러의 절반은 각 주에서 공공 원조에 3개월 동안 3달러를 쓸 때마다 다음 달에 연방 기금에서 1달러씩 받는 식으로 지급되었다. 나머지 절반은 가장 절실하게 필요한 곳에 할당되었다. 주정부가 할당받은 몫으로 상황에 대처하기에는 역부족이었다. 다음을 참조. Fainsod, Gordon, and Palamountain, *Government and the American Economy*, 771ff.

19. M. Capps, *Lotte per il salario : il Welfare Movement negli Stati Uniti negli anni sessanta* (인쇄물). 이 보고서는 1976년 1월 개최된 국제 학회 "여성의 투쟁과 노동력 재생산 정책"(Women's Struggles and Policies of the Reproduction of Labor Power, 파두아 대학 사회정치과학 연구소[Institute of Social and Political Science at the University of Padua]) 중 내가 조직한 세미나에서 발표되었다. 내가 뉴딜 기간에 시행된 복지 정책을 해석할 때 이 글이 몇 가지 핵심 아이디어를 제공해 주었다. 테네시강유역개발공사에 관해 더 자세한 정보를 얻으려면 다음을 보라 : P. Selznick, *TVA and the*

Grass Roots : A Study in the Sociology of Formal Organization (Berkeley : University of California Press, 1949) 및 W. Droze, *High Dams and Slack Waters : TVA Rebuilds a River* (Baton Rouge : Louisiana State University Press, 1965).

20. 원조, 공공사업, 사회보장 조치에 관한 자료는 다음 책에서 찾을 수 있다. J. L. Arnold, *The New Deal in the Suburbs : A History of the Greenbelt Town Program, 1935~1954* (Columbus : Ohio State University Press, 1973); E. E. Witte, *The Development of the Social Security Act* (Madison : University of Wisconsin Press, 1962); J. F. Jones and J. M. Herrick, *Citizens in Service : Volunteers in Social Welfare During the Depression, 1929~1941* (East Lansing : Michigan State University Press, 1978); D. Nelson, *Unemployment Insurance : The American Experience, 1915~1935* (Madison : University of Wisconsin Press, 1969); J. Pechman et al., *Social Security : Perspectives for Reform* (Washington : Brookings, 1969); A. J. Altmeyer, *The Formative Years of Social Security* (Madison : University of Wisconsin Press, 1966). 복지 정책에 참여했던 사람들이 내놓은 주목할 만한 증언은 다음을 보라. H. Hopkins, *Spending to Save* (New York : W. W. Norton & Company, Inc., 1936); H. Ickes, *Back to Work : The Story of the PWA* (New York : The Macmillan Co., 1935); L. Meriam, *Relief and Social Security* (Washington : The Brookings Institution, 1946); E. Abbott, *Public Assistance* (Chicago : The University of Chicago Press, 1941); P. H. Douglas, *Social Security in the United States* (New York : Arno Press and the New York Times, [1936] 1971). 실업에 관해 2장과 3장에서 이미 언급한 저자들도 참고하라. 원조와 사회보장에 관한 연구는 최근에 관심을 많이 받았지만, 뉴딜의 다른 측면은 학계의 주목을 덜 받았다.

21. J. M. Keynes, *The General Theory of Employment, Interest and*

Money (London : Macmillan and Co., 1936), 116.

22. Schlesinger, *The Age of Roosevelt*, vol. II, 298. 다음도 참조. R. M. Fischer, *Twenty Years of Public Housing* (New York : Macmillan, 1959); C. L. Harriss, *History and Policies of the Home Owners' Loan Corporation* (New York : Columbia University Press, 1951); T. McDonnell, *The Wagner Housing Act* (Chicago : Loyola University Press, 1957).

23. 토목사업국 계획에 따라 2급 도로 5십만 킬로미터가 개선되었고, 학교 4만 개가 신축 또는 개선되었으며, 교사 1만 명이 고용되었고, 공항 5백 개는 건설, 다른 5백 개는 개량되었다. 토목사업국은 공원, 저수지, 운하, 하수도 등도 많이 만들었다.

24. Schlesinger, *The Age of Roosevelt*, vol. II, 270.

25. Schlesinger, *The Age of Roosevelt*, vol. II, 304.

26. Tronti, *Operai e capitale*, 297에 인용된 H. Pelling의 말이다.

27. 다음을 참조. Capps, *Lotte per il salario* 및 Fainsod, Gordon, and Palamountain, *Government and the American Economy*, 772ff.

28. 이미 인용된 저작에 추가하여 다음을 보라. R. J. Bunche, *The Political Status of the Negro in the Age of FDR* (Chicago and London : University of Chicago Press, 1973), 608ff.; B. Sternsher, *The Negro in Depression and War : Prelude to Revolution, 1930-1945* (Chicago : Quadrangle Books, 1969); H. Sitkoff, *A New Deal for Blacks* (New York : Oxford University Press, 1978); F. B. Walters, *Negroes and the Great Depression* (Westport, CT : Greenwood, 1970).

29. H. A. Millis and R. E. Montgomery, *The Economics of Labor*, vol. III, *Organized Labor* (New York and London : McGraw-Hill Book Co., 1945), 262~263. 또한 다음을 참조. J. Jacobson ed., *The Negro and the American Labor Movement* (New York : Anchor Books/Doubleday, 1968) 및 L. Valtz Mannucci, *I negri americani*

dalla depressione al dopoguerra (Milan : Feltrinelli, 1974).

30. Jacobson, *Negro and the American Labor Movement*, 189.

31. Mannucci, *I negri americani dalla depressione al dopoguerra*, 13.

32. Frazier, *The Negro in the United States*, 601. 또한 다음을 참조. M. W. Kruman, "Quotas for Blacks : The Public Works Administration and the Black Construction Worker," *Labor History* 16 (1975) : 37~51.

33. Frazier, *The Negro in the United States*, 601~602.

34. 같은 책, 603.

35. 다음을 참조. J. A. Salmond, *Civilian Conservation Corps : 1933-1942, A New Deal Case Study* (Durham : Duke University Press, 1967).

36. Frazier, *The Negro in the United States*, 602~605. 여기서 논의된 계획을 더 자세히 살펴보려면 다음을 보라. Fainsod, Gordon, and Palamountain, *Government and the American Economy*.

37. 같은 책, 272.

38. 같은 책, 275.

39. Boone, *The Women's Trade Union Leagues*는 "실직한 여성 산업 노동자는 특히 어려운 문제였는데, 그들이 정부 기관에 고용된 화이트칼라 노동자만큼 노동 구제 제도에 쉽게 들어맞지 않았기 때문이다"라고 말한다(195~196). 1930년대 공공사업 노동자에 관한 성찰은 다음을 참조. P. Bertella Farnetti, "Note sulla crisi del settore pubblico," in B. Cartosio ed., *Dentro l'America in crisi* (Bari : De Donato, 1980).

40. Schlesinger, *The Age of Roosevelt*, vol. II, 275.

41. 같은 책, 274.

42. 같은 책.

43. 같은 책, 278. 다음도 참조. Fainsod, Gordon, and Palamountain,

Government and the American Economy, 772ff.

44. Schlesinger, *The Age of Roosevelt*, vol. II, 280~281. 또한 다음을 보라. A. W. MacMahon et al., *The Administration of Federal Work Relief* (Chicago : Public Administration Service, 1941) 및 D.S. Howard, *The WPA and Federal Relief Policy* (New York : Russel Sage Foundation, 1943).

45. Schlesinger, *The Age of Roosevelt*, vol. II, 287.

46. 같은 책, 288.

47. 같은 책, 290~291.

48. 같은 책, 294.

49. Fainsod, Gordon, and Palamountain, *Government and the American Economy*, 773. 또한 다음을 참조. Piven and Cloward, *Regulating the Poor*, 109ff.

50. 1930년대 노동 투쟁에 관한 분석은 방대하기로 악명 높다. 이 책에서는 노동 투쟁에 필수적인 참고 자료만 다룰 것이므로, 참고문헌을 몇 가지로 제한하겠다. 이미 인용된 커먼스(J. R. Commons)의 책은 1932년까지만 다루고 있고, 앞서 대공황에 관한 고전으로 언급된 책은 모두 방대한 참고문헌을 가지고 있다. 이외에도 다음은 여전히 언급할 가치가 있는 책들이다 : M. Derber and E. Young eds., *Labor and the New Deal* (Madison : University of Wisconsin Press, 1957) 및 여기 실린 S. Perlman의 유명한 에세이 "Labor and the New Deal in Historical Perspective" : J. R. Green, *The World of the Worker : Labor in Twentieth Century America* (New York : Hill & Wang, 1980); I. Bernstein, *The New Deal Collective Bargaining Policy* (Berkeley : University of California Press, 1950); M. Dubofsky, *American Labor since the New Deal* (Chicago : Quadrangle Books, 1971). 이탈리아에서 좀 더 최근에 출간된 저작을 검토하려면 Tronti, *Operai e capitale* 외에도 다음을 보라. G. Romagnoli, "Il movimento degli scioperi negli Stati Uniti

d'America, 1900~1970," in G.P. Cella ed., *Il movimento degli scioperi nel XX secolo* (Bologna : Il Mulino, 1979)

51. *National Industrial Recovery Act*, Title I, Sec. 7a.

52. Tronti, *Operai e capitale*, 286. 또한 다음을 보라. G. P. Rawick, "Anni trenta : lotte operaie USA," in Bologna et al., *Operai e stato*.

53. 밀리스(H. A. Millis)와 클라크(E. Clark)도 미국 대법원에서 와그너법이 합헌이라고 인정한 1937년과 1947년 사이, 적어도 169건의 수정안이 의회에 제출되었다고 말하고 있다. *From the Wagner Act to Taft-Hartley* (Chicago : University of Chicago Press, 1950).

54. 1937년 말에 산업별노동조합 조합원 수는 3백7십만 명이었고, 미국노동총동맹은 3백4십만 명이었다. 산업별노동조합은 광산 노동자 6십만 명, 자동차 노동자 4십만 명, 철강 노동자 37만 5천 명, 섬유 노동자 3십만 명, 의류 노동자 25만 명, 농업과 통조림 산업 노동자 10만 명으로 구성되어 있었다. 산업별노동조합이 했던 역할에 관해서는 다음을 보라 : A. Preis, *Labor's Giant Step, Twenty Years of the CIO* (New York : Pathfinder Press, 1972); F. Ferrarotti, *Il dilemma dei sindacati americani* (Milan : Comunità, 1954)와 같은 저자의 *Sindacati e potere negli Stati Uniti d'America* (Milan : Comunità, 1961); W. Galenson, *The CIO Challenge to the AFL* (Cambridge : Harvard University Press, 1960); J. M. Henever, *Which Side Are You On? The Harlan County Coal Miners, 1931-1939* (Urbana : University of Illinois Press, 1978); M. Dubofsky and W. Van Tine, *John L. Lewis : A Biography* (Chicago : Quadrangle Books, 1977); B. Ramirez, *When Workers Fight : The Politics of Industrial Relations in the Progressive Era, 1898-1916* (Westport, CT : Greenwood Press, 1978).

55. D. Montgomery, R. Schatz 공저, "Di fronte alle sospensioni di massa dal lavoro e alla disoccupazione," in D. Montgomery, *Rapporti di classe nell'America del primo 900* (Turin : Rosenberg &

Sellier, 1980), 173.

56. 다음을 참조. Fainsod, Gordon and Palamountain, *Government and the American Economy*; Witte, *Development of the Social Security Act*.

57. Yoder, *Labor Economics and Labor Problems*, 317~325.

58. Fainsod, Gordon and Palamountain, *Government and the American Economy*, 774.

59. Lubove, *The Struggle for Social Security*, 110ff.

60. 수많은 인터뷰에서 드러난 바와 같이, 흑인 여성들은 베트남 전쟁 이후 자녀 출산에 대해 임금을 받아야겠다는 투지를 한층 더 다졌다. 자녀가 국가의 이해관계에 따라 전쟁에 나가거나 공장으로 가게 될 것이 명백해졌기 때문이다. 이와 관련해서 다음을 참조. M. Dalla Costa, "A proposito del welfare," *Primo Maggio*, nos. 9-10 (Winter 1977-78) 및 Milwaukee County Welfare Rights Organization, *Welfare Mothers Speak Out* (New York : W. W. Norton and Co., 1972).

61. 잘 알려져 있듯이 사생아 출산 증가에서 징후를 찾을 수 있는데, 백인 여성도 사생아를 점점 더 많이 출산하였다. 또한 여성들이 원조를 받기 위해 아이 아버지가 누구인지 정부 당국에 밝히기를 거부하는 선택을 내린 것, 그리고 주로 대도시에서 감정적 선택과는 거리가 먼 주거 선택이 이루어진 것에서도 드러난다.

62. Yoder; *Labor Economics and Labor Problems*, 376ff. 저자는 1938년에 근로자 1천1백만 명이 이 법의 적용을 받았는데, 그중 원래 시간당 40센트 미만을 받은 근로자는 141만 8천 명뿐이었다고 추산한다. 이와 관련하여 다음을 참조. M. Harrington, *The Other America : Poverty in the United States* (New York : Macmillan, 1969), 89. 해링턴은 이 법이 케네디 정부하에서 더 발전했다고 말하면서, 그전에는 이 법의 적용을 받은 노동자 3천6백만 명 중에서 약 20퍼센트만이 시간당 1달러 미만을 벌었다는 점에 주목한다. 따

라서 1938년에 있었던 최저임금 합법화는 현실을 미미한 정도로 변화시켰을 뿐이다.

5. 여성과 가족, 복지, 유급노동

1. "뉴딜 프로그램이 궁핍한 미국인 수백만 명을 먹여 살리기 위한 것이라며 떠들썩하게 진행되었으나, 완전 고용을 회복하는 데는 실패했다. 1937년 국민총생산이 1929년과 거의 동일한 수준으로 올라갔으나, 이듬해인 1938년에 1천 4십만 명이 실직 상태였고, 이는 1929년보다 대략 9백만 명이 더 많은 수치였다." D. Montgomery, "Difronte alle sospensioni," 194.

2. 다음도 참조. *The Life and Times of Rosie the Riveter*. Connie Field 감독 (USA, 1980, 65분). 이 다큐멘터리는 기술적인 수준을 포함한 모든 면에서 같은 시기에 나온 많은 역사 서술보다 훨씬 더 흥미롭고 참신하다.

3. S. Fine, *Sit-down : The General Motors Strike of 1936~37* (Ann Arbor : The University of Michigan Press, 1969), 171.

4. Brecher, *Strike!*, 198.

5. Fine, *Sit-down*, 201.

6. 같은 책.

7. 같은 책.

8. 1930년대 여성의 투쟁이나 여성이 처한 상황에 관해서는 연구된 바가 거의 없다. 이 파업과 관련해서 리버비(S. Reverby)가 쓴 다음 글을 짚어봐야 한다. "With Babies and Banners : The Story of the Women's Emergency Brigade," in *Radical America*, vol. 13, no. 5 (September-October 1979).

9. Brecher, *Strike!*, 211. 위의 사례 및 더 자세한 정보에 관해서는 특히 5장, 3부(177~216)를 보라.

10. 같은 책, 211.

11. 같은 책, 209.

12. 같은 책.

13. 같은 책. 다른 주목할 만한 사례는 207~209를 보라. 예를 들면, 대
담한 "직원 450명이 드멧찻집(De Met's tea rooms) 세 곳에서 연좌
농성을 벌였다. '자신이 시중을 들던 테이블에서 젊은 여성 손님이
웃고 떠드는 와중에' 벌인 농성이었다. 직원들은 임금 25퍼센트 인
상이라는 결과를 얻어 내고서야 그날 밤 귀가했다", "회사 구내식당
에서 음식을 내는 일을 하던 여성 약 150명이 칼과 포크로 철쟁반
을 두들기면서 지그재그로 행진했다", "몇 주간 담배 농장 세 곳에
서 바리케이드를 쳤던 여성들"이 단호한 의지를 보여줬다.

14. 같은 책, 210~211.

15. 같은 책, 182, 211 : "이러한 충돌이 시사하는 바는, 보통 사람들이
자신의 일상에 대해 지배력을 가지지 못한 결과 직장에서뿐만 아
니라 다른 나머지 사회 영역에서도 반란을 일으키게 되었다는 점
이다."

16. 1937년 3월에 공식 보고된 공장 점거는 170건이었으나, 실제 건수
는 의심할 바 없이 이보다 많았다. 다음을 보라. Fine, Sit-down,
331.

17. Wandersee, *Women's Work and Family Values*, 89.

18. Census Bureau, *Occupation Statistics*, 8 그리고 "Census Bureau
Release," October 28, 1938. 이 보고서에 나온 수치가 Yoder, *La-
bor Economics and Labor Problems*, 353에서 논의되고 있다. 여성
고용의 특징에 관한 더 자세한 정보는 347~381을 보라.

19. 다음을 보라. Milkman, "Women's Work and the Economic Crisis."

20. 위의 수치에 관해서는 다음을 참조. *Wandersee, Women's Work
and Family Values*, 86~87.

21. Yoder, *Labor Economics and Labor Problems*, 360ff.

22. 같은 책

23. Schlesinger, *The Age of Roosevelt*, vol. II, 90.

24. Baker, *Technology and Woman's Work*, 404~405.

25. 1920년 미국노동총동맹 가입 여성은 39만 6천 명이었고, 1938년 산업별조합회의 여성 조합원 수는 대략 70만 명에서 80만 명이었다. 여성 근로자 수와 비교하면 여성 조합원 비율은 여전히 저조했다. Yoder, *Labor Economics and Labor Problems*, 364. 또한 다음을 참조. Wolman, *The Growth of American Trade Unions*. 요더는 월먼의 책에서 1920년 여성 노조 형성에 관한 정보를 얻었다.

26. Wandersee, *Women's Work and Family Values*, 97.

27. Smuts, *Women and Work in America*, 145. 또한 다음을 참조. Chafe, *The American Woman*, 107~109.

28. Chafe, *The American Woman*, 108.

29. Wandersee, *Women's Work and Family Values*, 91.

30. 같은 책, 77~79, 1940년 6차 인구총조사 수치 포함.

31. Chafe, *The American Woman*, 107.

32. Wandersee, *Women's Work and Family Values*, 68ff.

33. 같은 책, 53.

34. 같은 책, 99.

35. 같은 책, 27.

36. Boone, *The Women's Trade Union Leagues*, chap. 8.

37. 같은 책, 195~196.

38. 같은 책, 200.

39. 같은 책, 200~201. A. Tunc and S. Tunc, *Le système constitution-nel des États Unis d'Amérique*, 2 vols. (Paris : Domat, 1954). 다음을 참조. E. S. Redford, *American Government and the Economy* (New York : Macmillan, 1965), chaps. 13~14. 대법원에 관해서는 다음을 보라. Volterra, "Corte suprema," *Storia del Nord America*, 15~30.

40. Boone, *The Women's Trade Union Leagues*, 202.

41. 다음을 참조. Yoder, *Labor Economics and Labor Problems*, 365ff.

42. Boone, *The Women's Trade Union Leagues*, 209.

43. 같은 책, 213.

44. 다음을 참조. Wandersee, *Women's Work and Family Values*, 92~97.

45. 1937년 40개 주 및 컬럼비아 특별구에 피임 클리닉 288개가 존재했지만, 피임약 사용은 부분적으로만 이뤄졌다. 피임 방법이 아직 많지 않았을 뿐만 아니라, 피임약 사용을 반대하는 사람이 많았기 때문이다. 의사들은 여러 법 사이를 넘나들며 피임을 처방했는데, 프롤레타리아 여성은 의사의 처방을 받아 피임을 할 가능성이 더 낮았다. 산아제한연맹(Birth Control League) 회장 마가렛 생어(Margaret Sanger)가 자유로운 피임약 사용을 위해 투쟁하는 동안, 1936년 미국 정부와 원팩키지 간 유명한 소송 사건이 있었다(United States v. One Package). 이 사건은 해나 스톤(Hannah Stone) 박사가 일본에서 수입한 여성용 피임 기구 한 상자를 세관이 압수하면서 시작되었다. 같은 해 하임즈(N. E. Himes)가 *Medical History in Contraception* (New York : Gamut Press)을 출간하였다.

46. Wandersee, *Women's Work and Family Values*, 55.

47. 다음을 참조. H. E. Mower, *Personality Adjustment and Domestic Discord* (New York : American Books, 1935).

48. A. C. Kinsey, *Sexual Behavior in the Human Male* (Philadelphia : Saunders Co., 1948); Kinsey, *Sexual Behavior in the Human Female* (Philadelphia : Saunders Co., 1953). 1920년대부터 1930년대 초반까지는 실증적인 사회 연구가 발전하면서 미국 사회학의 틀을 완전히 바꾸는 저작들이 출간되었다.

49. 상업 광고, 심지어 할리우드 영화조차 본래 중산층을 위해 개발된 행동 양식을 프롤레타리아 여성에게 퍼뜨리기 위한 중요한 수단으로 기능했다. 광고의 역할에 관해서는 다음을 참조. S. Ewen, *Cap-*

tains of Consciousness (New York : McGraw-Hill, 1977); 영화의 역할에 관해서는 다음을 보라 : B. Cartosio, *Tute e technicolor*; L. Rosten, *Hollywood : The Movie Colony, The Movie Makers* (New York : Harcourt, Brace & Co., 1941); R. Sklar, *Cinemamerica* (Milan : Feltrinelli, 1982); L. May, *Screening Out the Past* (New York : Oxford University Press, 1980).

50. 다음을 참조. G. Ciucci, F. Dal Co, M. Manieri-Elia and M. Tafuri, *La città americana dalla guerra civile al New Deal* (Rome-Bari : Laterza, 1973), 275ff.

51. D. Calabi, "Politica della casa e ricerca urbanistica," in U. Curi ed., *Tendenze della ricerca americana 1900~1940* (Venice : Istituto Gramsci, Sezione Veneta, 1976), 72~73. 좀 더 광범위한 논의는 다음을 보라. L. Mumford, *The City in History* (New York : Harcourt, Brace & World, 1961) [루이스 멈퍼드, 『역사 속의 도시』 1·2, 김영기 옮김, 지만지, 2016].

52. Giedion, *Mechanization Takes Command*, 564~566.

53. 같은 책, 490, 564.

54. 같은 책, 555ff.

55. D. Montgomery, "Di fronte alle sospensioni"는 1차 세계대전 중에 이뤄진 기업, 학계, 군대 사이의 협업이 토대가 되어 이후 대학과 기업의 협력 관계가 더욱 심화되었고, 이러한 협력이 더 이상 공학 분야에만 국한되지 않고 인문학 영역에까지 확대된 점을 환기시킨다. 이와 동시에, 현재 거대 산업체 및 재단들이 미국 대학 내에 '민간이 주도하는'(private initiative) 교수직을 만들어 내기 위해서 벌이고 있는 캠페인이 가장 최상의 협력 관계를 향한 현실적인 열망을 드러낸다고 말한다(189ff.).

:: 참고문헌

Abbott, Edith. *Public Assistance*. Chicago : The University of Chicago Press, 1941.

Adamic, Louis. *My America, 1928-1938*. New York : Harpers and Brothers, 1938.

Aglietta, Michel. *Régulation et crises du capitalisme*. Paris : Calmann-Lévy, 1977.

Allsop, Kenneth. *Hard Travellin': The Hobo and His History*. London : Hodder and Stoughton, 1976.

_____. *The Bootleggers : The Story of Chicago's Prohibition Era*. London : Hutchinson and Co., 1961.

Altmeyer, Arthur Joseph. *The Formative Years of Social Security*. Madison : University of Wisconsin Press, 1966.

Arndt, Heinz Wolfgang. *The Economic Lessons of the Nineteen-Thirties*. New York : Oxford University Press, 1949.

Arnold, Joseph L. *The New Deal in the Suburbs : A History of the Greenbelt Town Program, 1935-1954*. Columbus : Ohio State University Press, 1973.

Bairati, Piero. "introduction to *Autobiografia*, by H. Ford." *Autobiografia*. ed. S. Crowther. Milan : Biblioteca Universale Rizzoli, 1982.

Bairati, Piero et al. *Storia del Nord America. Il mondo contemporaneo* vol. 5. Florence : La Nuova Italia, 1978.

Baker, Elizabeth Faulkner. *Technology and Woman's Work*. New York : Columbia University Press, 1964.

Bakke, Edward. W. *The Unemployed Man : A Social Study*. New York : E. P. Dutton and Co., 1934.

Beard, Charles and G. F. Smith. *The Old Deal and the New*. New York : Macmillan Co., 1940.

Berle, Adolf A. et al. *America's Recovery Program*. trans. A. Cecconi, New York : Oxford University Press, 1934.

Bernstein, Irving. *The Lean Years : A History of the American Worker, 1920-1933*.

Boston : Houghton Mifflin Co., 1972.

_____. *The New Deal Collective Bargaining Policy*. Berkeley : University of California Press, 1950.

Beynon, Huw. *Working for Ford*. New York : Penguin Books, 1973.

Bock, Gisela and Barbara Duden. "Arbeit aus Liebe, Liebe als Arbeit : Zur Entstehung der Hausarbeit im Kapitalismus." *Frauen und Wissenschaft*. ed. Gruppe Berliner Dozentinnen. Berlin : Courage Verlag, 1977.

Bock, Gisela, Paolo Carpignano, and Bruno Ramirez. *La formazione dell'operaio-massa negli USA : 1898-1922*. Milan : Feltrinelli, 1976.

Bologna, Sergio et al. *Operai e stato*. Milan : Feltrinelli, 1972.

Boone, Gladys. *The Women's Trade Union Leagues in Great Britain and in the United States of America*. New York : AMS Press, 1968.

Boyer, Richard O. and Herbert M. Morais. *Labor's Untold Story*. New York : United Electrical, Radio and Machine Workers of America, [1955] 1970.

Brecher, Jeremy. *Strike!*. San Francisco : Straight Arrow Books, 1972.

Buhle, Mari Jo. "Women and the Socialist Party, 1901-1914." *From Feminism to Liberation*. ed. E. H. Altbach. Cambridge, Mass. : Schenkman, 1971.

_____. *Women and American Socialism, 1870-1920*. Urbana : University of Illinois Press, 1981.

Buhle, Mari Jo, Ann D. Gordon, and Nancy E. Schrom. "Women in American Society : A Historical Contribution." *Radical America*, vol. V, no. 4 (July-August 1971), 2nd ed.

Bullock, Edna Dean. *Selected Articles on the Employment of Women*. Minneapolis : The H. W. Wilson Co., 1911.

Bunche, Ralph Johnson. *The Political Status of the Negro in the Age of FDR*. Chicago and London : University of Chicago Press, 1973.

Buonfino, Giancarlo. "Il muschio non cresce sui sassi che rotolano : grafica e propaganda IWW." *Primo Maggio*, no. 1 (June-September 1973).

Bureau of Women and Children. "Women Workers after a Plant Shutdown." *Special Bulletin*, no. 26. Harrisburg : Pennsylvania Department of Labor and Industry, 1933.

Burns, James MacGregor. *Roosevelt : The Lion and the Fox*. New York : Harcourt, Brace & World, 1956.

Calabi, Donatella. "Politica della casa e ricerca urbanistica." *Tendenze della ricerca americana 1900-1940*. ed. U. Curi. Venice : Istituto Gramsci, Sezione Veneta, 1976.

Calhoun, Arthur. *A Social History of American Family*. New York : Barnes & Nobles, 1960.

Capps, M. *Lotte per il salario : il Welfare Movement negli Stati Uniti negli anni sessanta* (인쇄물).

Carpignano, Paolo. "Immigrazione e degradazione." *La formazione dell'operaio-massa negli USA : 1898-1922*. eds. Gisela Bock, Paolo Carpignano, and Bruno Ramirez. Milano : Feltrinelli, 1976.

Cartosio, Bruno. "Gli emigrati italiani e l'IWW." *Primo Maggio*, no. 18 (Fall-Winter 1982-1983).

_____. "L'ingranaggio operaio nella macchina cinema." *Tute e technicolor*. Milan : Feltrinelli, 1980.

_____. "Movimento operaio." *Storia del Nord America*. ed. P. Bairati, Florence : La Nuova Italia, 1978.

_____. "Note e documenti sugli Industrial Workers of the World." *Primo Maggio*, no. 1 (June-September 1973).

_____. "Storie e storici di operai americani." *Primo Maggio*, no. 11 (Winter 1977-1978).

_____. *Tute e technicolor*. Milan : Feltrinelli, 1980.

Cavan, Ruth Shonle and Katherine Howland Ranck. *The Family and the Depression : A Study of One Hundred Chicago Families*. New York : Arno Press and The New York Times, 1971.

Census Bureau. "Census Bureau Release." October 28, 1938.

Census Bureau. *Occupation Statistics*.

Chafe, William H. *The American Woman : Her Changing Social, Economic and Political Roles, 1920-1970*. Oxford, New York, London : Oxford University Press, [1972] 1974.

Ciucci, Giorgio, Francesco Dal Co, Mario Manieri-Elia and Manfredo Tafuri, *La città americana dalla guerra civile al New Deal*. Rome-Bari : Laterza, 1973.

Colectivo Situaciones. *19 & 20 : Notes for a New Social Protagonism*. Brooklyn, NY : Autonomedia/Minor Compositions/Common Notions, 2011.

Commons, John R. *History of Labor in the United States, 1896-1932*, vols. III and IV. New York : Macmillan, 1935.

Cooley, Robert. A. *The Family Encounters the Depression*. New York : Charles Scribner's Sons, 1936.

Coriat, Benjamin. *L'atelier et le chronomètre : Essai sur le taylorisme, le fordisme et la production de masse*. Bourgois : Paris, 1979.

Cowan, Ruth Schwartz. "The 'Industrial Revolution' in the Home : Household Technology and Social Change in the 20th Century." *Technology and Culture*, vol. 17, no. 1 (January 1976).

Dalla Costa, Giovanna Franca. *Un lavoro d'amore*. Rome : Edizioni delle Donne, 1978. [영어판 : *The Work of Love*. Brooklyn : Autonomedia, 2008.]

Dalla Costa, Mariarosa. "A proposito del welfare." *Primo Maggio*, nos. 9-10 (Winter 1977-78).

Dalla Costa, Mariarosa and Selma James. *Potere femminile e sovversione sociale*. Padua and Venice : Marsilio, 1972. [영어판 : *The Power of Women and the Subversion of the Community*. Bristol : Falling Wall Press, 1972.]

Dancis, Bruce. "Socialism and Women in the United States, 1900-1917." *Socialist Revolution* 27, vol. 6, no. 1 (January-March 1976).

Davies, Wallace. *The New Deal : Interpretations*. New York : Macmillan, 1964.

Davis, Allen. *Spearheads of Reform*. New York : Oxford University Press, 1967.

Davis, James L. "Safeguarding the Mothers of Tomorrow." *Gazette of Colorado Springs*, November 5, 1922.

Douglas, Paul H. *Social Security in the United States*. New York : Arno Press and the New York Times, [1936] 1971.

Droze, Wilmon. *High Dams and Slack Waters : TVA Rebuilds a River*. Baton Rouge : Louisiana State University Press, 1965.

Dubofsky, Melvyn. *American Labor since the New Deal*. Chicago : Quadrangle

Books, 1971.

Dubofsky, Melvyn and Warren Van Tine. *John L. Lewis : A Biography*. Chicago : Quadrangle Books, 1977.

Duso, Anna. (ed) *Economia e istituzioni del New Deal*. Bari : De Donato, 1980.

Eastman, Crystal. "Now We Can Begin." *Crystal Eastman : On Women and Revolution*. ed. Blache Wiesen Cook. Oxford : Oxford University Press, 1978.

Ehrenreich, Barbara. *For Her Own Good*. New York : Anchor Press, 1978. [바버라 에런라이크 · 디어드러 잉글리시, 『200년 동안의 거짓말』, 강세영 · 신영희 · 임현희 옮김, 푸른길, 2017.]

Ehrenreich, Barbara and Deirdre English. "The Manufacture of Housework." *Socialist Revolution*, no. 26 (October-December 1975).

Einaudi, Mario. *The Roosevelt Revolution*. New York : Harcourt and Brace, 1959.

Elliot, Mabel A. and Francis E. Merrill, *Social Disorganization*. New York : Harper and Brothers, 1936.

Ewen, Stuart. *Captains of Consciousness*. New York : McGraw-Hill, 1977.

_____. "The Political Ideology of Consumption." presented at the *URPE Conference on Marxist Approaches to History*, Yale University, New Haven, February 24, 1974.

Fainsod, Merle, Lincoln Gordon and Joseph C. Palamountain Jr. *Government and the American Economy*. New York : Norton, [1941] 1948.

Farnetti, Paolo Bertella. "Note sulla crisi del settore pubblico." *Dentro l'America in crisi*. ed. B. Cartosio. Bari : De Donato, 1980.

Feder, Leah H. *Unemployment Relief in Periods of Depressions*. New York : Russel Sage Foundation, 1936.

Federici, Silvia. "The Restructuring of Social Reproduction in the United States in the '70s." New York, 1980. (paper)

_____. *Sexual Work and the Struggle Against It*. 미출간작. New York, 1975.

_____. *Wages against Housework*. New York : Power of Women Collective and Falling Wall Press, 1975.

Federici, Silvia and Nicole Cox. *Counterplanning from the Kitchen*. New York : New York Wages for Housework Committee and Falling Wall Press, 1975, republished in *Revolution at Point Zero*. Oakland : Common Notions/PM Press, 2012. [실비아 페데리치, 『혁명의 영점』, 황성원 옮김, 갈무리, 2013.]

Ferrari Bravo, Luciano. "Il New Deal e il nuovo assetto delle istituzioni capitalistiche." *Operai e stato*. Milan : Feltrinelli, 1972.

Ferrarotti, Franco. *Il dilemma dei sindacati americani*. Milan : Comunità, 1954.

_____. *Sindacati e potere negli Stati Uniti d'America*. Milan : Comunità, 1961.

Fine, Sidney. *Sit-down : The General Motors Strike of 1936-37.* Ann Arbor : The University of Michigan Press, 1969.

Fischer, Robert Moore. *Twenty Years of Public Housing*. New York : Macmillan, 1959.

Flexner, Eleanor. *Century of Struggle : The Women's Rights Movement in the United States*. Cambridge : Belknap Press, 1959.

Flynn, Elizabeth G. *The Rebel Girl : An Autobiography, My First Life, 1906-1926.* New York : International Publishers Co., 1973.

Fortunati, Leopoldina. *L'arcano della riproduzione. Casalinghe, prostitute, operai e capital*. Venice : Marsilio, 1981. [영어판 : *The Arcane of Reproduction : Housework, Prostitution, Labor and Capital*. Brooklyn : Autonomedia, 1995; 한국어판 : 레오뽈디나 포르뚜나띠, 『재생산의 비밀』, 윤수종 옮김, 박종철출판사, 1997.]

Frazier, Edward Franklin. *The Negro Family in the United States*. New York : Dryden Press, 1951.

_____. *The Negro in the United States*. Toronto : Macmillan Co., 1957.

Galenson, Walter. *The CIO Challenge to the AFL*. Cambridge : Harvard University Press, 1960.

Ghetti, Sandra. "Gli IWW e la ristrutturazione del capitale negli anni venti." *Primo Maggio*, no. 16 (Fall-Winter 1981-1982).

Giedion, Sigfried. *Mechanization Takes Command*. Oxford : Oxford University Press, 1948.

Gillis, John R. *Youth and History*. New York : Academic Press, 1974.

Gilman, Charlotte Perkins. *The Home : Its Work and Influence*. Urbana : University of Illinois Press, 1972.

Gobbini, Mauro. "La tavola rotonda alla Norman Wait Harris Foundation." *Inediti sulla crisi*. ed. M. Gobbini. and J. M. Keynes. Rome : Istituto dell'Enciclopedia Italiana, 1976.

Gordon, Linda. *Woman's Body, Woman's Right : A Social History of Birth Control in America*. New York : Grossman, 1976.

Graham, Otis L. Jr. *The New Deal : The Critical Issues*. Boston : Little Brown and Co., 1971.

Green, James R. *The World of the Worker : Labor in Twentieth Century America*. New York : Hill & Wang, 1980.

Guerin, Daniel. *Il movimento operaio negli Stati Uniti*. trans. M. Maggi, Rome : Editori Riuniti, 1975.

Gutman, Herbert George. *The Black Family in Slavery and Freedom, 1750-1925*. New York : Vintage Books, 1977.

Halbert, Leroy A. "Boards of Public Welfare : A System of Government Social Work." Proceedings of National Conference of Social Work, 1918.

Hamilton, Gilbert V. and Kenneth McGowan. *What is Wrong with Marriage*. New York : Boni, 1929.

Harrington, Michael. *The Other America : Poverty in the United States*. New York : Macmillan, 1969.

Harriss, C. Lowell. *History and Policies of the Home Owners' Loan Corporation*. New York : Columbia University Press, 1951.

Hayden, Dolores. "Two Utopian Feminists and Their Campaigns for Kitchenless Houses." *Signs*, vol. 4, no. 2 (Winter 1978).

Henever, John. *Which Side Are You On? The Harlan County Coal Miners, 1931-1939*. Urbana : University of Illinois Press, 1978.

Henry, Alice. *The Trade Union Woman*. New York and London : D. Appleton and Co., 1915.

_____. *Women and the Labor Movement*. New York : George H. Doran Co., 1923.

Hill, Joseph. *Women in Gainful Occupations, 1870-1920 : A Study of the Trend*. Washington, DC : U.S. Government Printing Office, 1929.

Himes, Norman Edwin. *Medical History in Contraception*. New York : Gamut

Press.

Hofstadter, Richard. *The Age of Reform : From Bryan to F.D. Roosevelt*. New York : Knopf, 1955.

_____. *The American Political Tradition and the Men Who Made It*. New York : Alfred A. Knopf, 1951.

_____. *The Progressive Movement, 1900-1915*. Englewood Cliffs : Prentice Hall, 1963.

Hofstadter, Richard and Michael Wallace. *American Violence : A Documentary History*. New York : Vintage Books, 1971.

Holtzman, Abraham. *The Townsend Movement*. New York : Bookman, 1963.

Hopkins, Harry. *Spending to Save*. New York : W. W. Norton & Company, Inc., 1936.

Howard, Donald Stevenson. *The WPA and Federal Relief Policy*. New York : Russel Sage Foundation, 1943.

Hughes, Gwendolyn. *Mothers in Industry : Wage Earning by Mothers in Philadelphia*. New York : New Republic Inc., 1925.

Hutchinson, Emilie Josephine. *Women's Wages : A Study of the Wages of Industrial Women and Measures Suggested to Increase Them*. New York : AMS Press, 1968.

Ickes, Harold. *Back to Work : The Story of the PWA*. New York : The Macmillan Co., 1935.

Jacobson, Julius. (ed) *The Negro and the American Labor Movement*. New York : Anchor Books/Doubleday, 1968.

Jones, John Finbar and John Middlemist Herrick, *Citizens in Service : Volunteers in Social Welfare During the Depression, 1929-1941*. East Lansing : Michigan State University Press, 1978.

Katzman, David M. *Seven Days a Week, Women and Domestic Service in Industrializing America*. New York and Oxford : Oxford University Press, 1978.

Keynes, John Maynard. *The General Theory of Employment, Interest and Money*. London : Macmillan and Co., 1936.

Kindleberger, Charles Poor. "Crisi del 1929." *Storia del Nord America*. ed. P. Bairati, Florence : La Nuova Italia, 1978.

_____. *The World in Depression, 1929-1939*. London : Allen Lane, The Penguin Press, 1973.

Kinsey, Alfred Charles. *Sexual Behavior in the Human Female*. Philadelphia : Saunders Co., 1953.

_____. *Sexual Behavior in the Human Male*. Philadelphia : Saunders Co., 1948.

Komarovsky, Mirra. *The Unemployed Man and His Family : The Effect of Unemployment upon the Status of the Man in Fifty-nine Families*. (New York : The Dryden Press Inc., 1940.

Kraditor, Aileen S. *The Ideas of the Woman Suffrage Movement : 1890-1920*. New York : Anchor Books, 1971.

_____. *Up from the Pedestal : Selected Writings in the History of American Feminism*. Chicago : Quadrangle Books, 1968.

Kruman, Marc W. "Quotas for Blacks : The Public Works Administration and the Black Construction Worker." *Labor History* 16 (1975).

Lasswell Harold Dwight and Dorothy Blumenstock. *World Revolutionary Propaganda*. Plainview : Books for Libraries Press, 1970.

Lee, John R. "The So-Called Profit Sharing System in the Ford Plant." *Annals of the Academy of Political Sciences*, vol. LXV (May 1916).

Lerner Gerda. (ed) *Black Women in White America : A Documentary History*. New York : Vintage Books, 1973.

Lescohier, Don D. *The Labor Market*. New York : Macmillan, 1919.

Leuchtenburg, William. "La grande depressione" *Il New Deal*. ed. M. Vaudagna, Bologna : Il Mulino, 1981.

_____. *F. D. Roosevelt and the New Deal, 1932-1940*. Roma-Bari : Laterza, 1976.

Lombroso, Cesare. *Criminal Man, According to the Classification of Cesare Lombroso*. (with Gina Lombroso-Ferrero) New York : Putnam, [1911] 1975.

Lorini, Alessandra. *Ingegneria umana e scienze sociali negli USA, 1890-1920*. Messina-Florence : D'Anna, 1980.

Lubove, Roy. *The Struggle for Social Security, 1900-1935*. Cambridge, Mass. : Harvard University Press, 1968.

Lynd, Robert Staughton and Helen Merrell Lynd. *Middletown : A study in modern American culture*. New York : Harcourt, Brace & Company, 1929.

_____. *Middletown in Transition : A Study in Cultural Conflicts*, New York : Harcourt, Brace & Company, 1937.

MacMahon, Arthur W. et al. *The Administration of Federal Work Relief*. Chicago : Public Administration Service, 1941.

Malos, Ellen. "Housework and the Politics of Women's Liberation." *Socialist Review* 37 (January-February 1978).

Mancini Federico. (ed) *Il pensiero politico nell'età di Roosevelt*. Bologna : Il Mulino, 1962.

Mannucci, Loretta Valtz. *I negri americani dalla depressione al dopoguerra*. Milan : Feltrinelli, 1974.

Marot, Helen. *American Labor Unions, by a Member*. New York : H. Holt and Co., 1915.

Marshall, Alfred. *Principles of Economics*. book VI, chapter IV. London : Macmillan, 1920. [알프레드 마셜, 『경제학원리』 2, 백영현 옮김, 한길사, 2010]

Martellone, Anna Maria. "Immigrazione." *Storia del Nord America*. ed. P. Bairati, Florence : La Nuova Italia, 1978.

_____. "Melting Pot." *Storia del Nord America*. ed. P. Bairati, Florence : La Nuova Italia, 1978.

May, Lary. *Screening Out the Past*. New York : Oxford University Press, 1980.

McDonnell, Timothy. *The Wagner Housing Act*. Chicago : Loyola University Press, 1957.

Meriam, Lewis. *Relief and Social Security*. Washington : The Brookings Institution, 1946.

Milkman, Ruth. "Women's Work and the Economic Crisis." *Review of Radical Political Economics*, vol. 8, no. 1 (1976).

Millis, Harry A. and Royal E. Montgomery. *The Economics of Labor*, vol. III, *Organized Labor*. New York and London : McGraw-Hill Book Co., 1945.

Millis, Harry A. *From the Wagner Act to Taft-Hartley*. Chicago : University of Chicago Press, 1950.

Milwaukee County Welfare Rights Organization, *Welfare Mothers Speak Out*. New York : W. W. Norton and Co., 1972.

Mitchell, Wesley Clair. "The Backward Art of Spending Money." *American Economic Review*, vol. II (June 1912).

Montgomery, David and Ronald Schatz "Di fronte alle sospensioni di massa dal lavoro e alla disoccupazione." in D. Montgomery, *Rapporti di classe nell'America del primo 900.* Turin : Rosenberg & Sellier, 1980.

Mower, Harriett R. *Personality Adjustment and Domestic Discord*. New York : American Books, 1935.

Mumford, Lewis. *The City in History*. New York : Harcourt, Brace & World, 1961. [루이스 멈퍼드, 『역사 속의 도시』 1·2, 김영기 옮김, 지만지, 2016]

Myers, William Starr and Walter H. Newton. (eds) *The Hoover Administration : A Documented Narrative*. New York and London : Scribner's Sons, 1936.

Myers, William Starr. (ed) T*he State Papers and Other Writings of Herbert Hoover*, 2 vols. New York : Doubleday, 1934.

Nash, Gerald. "Herbert Hoover and the Origins of the Reconstruction Finance Corporation." *Mississippi Valley Historical Review*, XLVI, (December 1959).

National Urban League. *Unemployment Status of Negroes : A Compilation of Facts and Figures Respecting Unemployment in One Hundred and Six Cities*. New York, 1931.

_____. *The Forgotten Tenth : An Analysis of Unemployment Among Negroes in the United States and its Social Costs, 1932-33*. New York, 1933.

Negri, Antonio. "La teoria capitalistica del '29 : John M. Keynes." *Contropiano*, no. 1 (1968).

Nelson, Daniel. *Unemployment Insurance : The American Experience, 1915-1935*. Madison : University of Wisconsin Press, 1969.

Nevins, Allan. *Ford : The Times, the Man, the Company*. New York : Scribner, 1954.

North, Douglass C. *Growth and Welfare in the American Past : A New Economic History*. Englewood Cliffs, NJ : Prentice Hall, 1966.

O'Neill, William L. *Divorce in the Progressive Era*. New Haven : Yale University Press, 1967.

_____, *Everyone was Brave : A History of Feminism in America*. Chicago : Quadrangle Books, 1971.

Oakley, Ann. *Woman's Work*. New York : Vintage Books, 1976.

Ortoleva, Peppino. "Classe operaia e potere politico in Usa, 1860-1920." *Primo Maggio*, nos. 3-4 (February-September 1974).

_____, "Il movimento dei disoccupati negli Usa (1930-1933)." *Primo Maggio*, no. 8 (Spring 1977).

_____, "Industrial Workers of the World." *Storia del Nord America*. ed. P. Bairati, Florence : La Nuova Italia, 1978.

_____, "introduction to *La mia vita e la mia opera* by H. Ford." Milan : La Salamandra, 1980.

_____, "'Republic of the Penniless' : radicalismo politico e 'radicalismo sociale' tra i disoccupati americani, 1929-1933." *Rivista di storia contemporanea*, fasc. 3, a. X (July 1981).

Pattison, Mrs. Frank A. "Scientific Management in Home-Making." *Annals of the American Academy of Political and Social Science*, no. 48 (1913)

Pechman, Joseph et al. *Social Security : Perspectives for Reform*. Washington : Brookings, 1969.

Perkins, Frances. *The Roosevelt I Knew*. New York : Viking Press, 1946.

Perlman, Selig. "Labor and the New Deal in Historical Perspective" *Labor and the New Deal*. eds. Milton Derber and Edwin Young, Madison : University of Wisconsin Press, 1957.

Philip S. Foner, *History of the Labor Movement in the United States*, vol. III. New York : International Publishers, 1964.

Philip Wernette. John. *Government and Business*. New York : The Macmillan Co., 1964.

Piven, Frances Fox and Richard A. Cloward. *Regulating the Poor : The Functions of Public Welfare*. New York : Vintage Books, 1971.

_____. *Poor People's Movements : Why They Succeed, How They Fail*. New York : Vintage Books, 1979.

Pool, James and Suzanne Pool. *Who Financed Hitler*. New York : Dial Press, 1979.

Preis, Art. *Labor's Giant Step, Twenty Years of the CIO*. New York : Pathfinder Press, 1972.

President's Research Committee on Social Trends. *Recent Social Trends in the United States*. New York : McGraw-Hill Books, 1933.

Ramirez, Bruno. *When Workers Fight : The Politics of Industrial Relations in the Progressive Era, 1898-1916*. Westport, CT : Greenwood Press, 1978.

Rauch, Basil. *The History of the New Deal, 1933-1938*. New York : Capricorn Books, 1963.

Rawick, George P. "Anni trenta : lotte operaie USA." *Operai e stato*. Milan : Feltrinelli, 1972.

_____. *From Sundown to Sunup : The Making of the Black Community*. Westport, CT : Greenwood Publishing Co., 1972.

Redford, Emmette Shelburn. *American Government and the Economy*. New York : Macmillan, 1965.

Reitman, Ben. *Sister of the Road : The Autobiography of Boxcar Bertha*. New York : Harper and Row, 1975.

Reverby, Susan. "With Babies and Banners : The Story of the Women's Emergency Brigade," in *Radical America*, vol. 13, no. 5 (September-October 1979).

Richardson, Dorothy. *The Long Day : The Story of a New York Working Girl as Told by Herself*. New York : The Century Co., 1905.

Robinson, Edgar Eugene. *The Roosevelt Leadership, 1933-1945*. Philadelphia : Lippincott, 1955.

Romagnoli, Guido. "Il movimento degli scioperi negli Stati Uniti d'America, 1900-1970," *Il movimento degli scioperi nel XX secolo*. ed. G.P. Cella, Bologna : Il Mulino, 1979.

Roosevelt, Theodore. "Special Message to Congress, February 15, 1909." Proceedings of the Conference on the Care of Dependent Children, Washington, DC, January 25-26, 1909.

Rosenman, Samuel Irving. (ed) T*he Public Papers and Addresses of Franklin Delano Roosevelt*, 13 vols. New York : Random House, 1938-50.

_____. (ed) *Working with Roosevelt*. New York : Harper, 1952.

Rosten, Leo. *Hollywood : The Movie Colony, The Movie Makers*. New York : Harcourt, Brace & Co., 1941.

Rozwenc, Edwin Charles. (ed) *The New Deal : Revolution or Evolution?*. Boston : D. C. Heath and Co., 1959.

Rubinow, Isaac Max. *Social Insurance : With Special Reference to American Conditions*. New York : H. Holt and Co., 1913.

Salmond, John A. *Civilian Conservation Corps : 1933-1942, A New Deal Case Study*. Durham : Duke University Press, 1967.

Sara M. Soffee, "Industrial Housework in Pennsylvania." *American Federationist*, vol. 36, no. 9 (September 1929).

Schlesinger, Arthur M. Jr. *The Age of Roosevelt*, vol. I, *The Crisis of the Old Order, 1919-1933*. Boston : Houghton Mifflin Co., 1957.

_____. *The Age of Roosevelt*, vol. II, *The Coming of the New Deal*. Boston : Houghton Mifflin Company, 1959.

_____. *The Age of Roosevelt*, vol. III, T*he Politics of Upheaval, 1935-1936*. Boston : Houghton Mifflin Company, 1960.

Selznick, Philip. *TVA and the Grass Roots : A Study in the Sociology of Formal Organization*. Berkeley : University of California Press, 1949.

Shorter, Edward. *Making of the Modern Family*, New York : Basic Books, 1975.

_____. *The Making of the Modern Family*. New York : Basic Books, 1977.

Sitkoff, Harvard. *A New Deal for Blacks*. New York : Oxford University Press, 1978.

Sitrin, Marina. *Horizontalism : Voices of Popular Power in Argentina*. Oakland : AK Press, 2006.

Sklar, Robert. *Cinemamerica*. Milan : Feltrinelli, 1982.

Smuts, Robert. *Women and Work in America*. New York : Schocken Books, 1974.

Sokoloff, Natalie J. *Between Money and Love : The Dialectics of Women's Home and Market Work*. New York : Praeger Publishers, 1980.

Spring, Joel H. *Education and the Rise of the Corporate State*. Boston : Beacon Press, 1972.

Sterner, Richard. *The Negro's Share*. New York : Harper and Brothers, 1943.

Sternsher, Bernard. *The Negro in Depression and War : Prelude to Revolution,*

1930-1945. Chicago : Quadrangle Books, 1969.

Stouffer, Samuel and Paul Lazarsfeld. "Research Memorandum on the Family in the Depression." *Social Science Research Council Bulletin*, no. 29. New York : Social Science Research Council, 1937.

Tait, Serena. "Alle origini del movimento comunista negli Stati Uniti : Louis Fraina teorico dell'azione di massa." *Primo Maggio*, no. 1 (June-September 1973).

Telò, Mario. (ed) *Crisi e piano*. Bari : De Donato, 1979.

Terkel, Studs. *Hard Times : An Oral History of the Great Depression*. New York : Pantheon Books/Avon Books, 1970.

Testi, Arnaldo. "Progressive Era." *Storia del Nord America*. ed. P. Bairati, Florence : La Nuova Italia, 1978.

The Women's Bureau. "Industrial Homework." *Bulletin*, no. 79 (Washington, 1930).

Tirabassi, Maddalena. "Prima le donne e i bambini; gli International Institutes e l'americanizzazione degli immigrati." the third article in the section entitled "Integrazione sociale negli Usa." ed. M. Vaudagna in *Quaderni storici*, no. 51, a. XVII, (December 1982).

Titmuss, Richard Morris. *Essays on "The Welfare State"*. Boston : Beacon Press, 1969.

Tronti, Mario. "Classe operaia e sviluppo." *Contropiano*, no. 3 (1970).

_____. *Operai e Capitale*. 1966. Torino : Einaudi, 1971. Print.

Tugwell, Rexford G. *The Democratic Roosevelt*. New York : Doubleday, 1957.

Tull, Charles J. *Father Coughlin and the New Deal*. Syracuse : Syracuse University Press, 1965.

Tunc, André. and Suzanne Tunc, *Le système constitutionnel des États Unis d'Amérique*, 2 vols. Paris : Domat, 1954.

Turnaturi, Gabriella. "La donna fra il pubblico e il privato : la nascita della casalinga e della consumatrice." *DWF*, nos. 12-13 (July-December 1979).

Vaudagna, Maurizio. "New Deal." *Storia del Nord America*. ed. P. Bairati, Florence : La Nuova Italia, 1978.

_____. *Corporativismo e New Deal*. Torino : Rosenberg & Sellier, 1981.

_____. (ed) *Il New Deal*. Bologna : Il Mulino, 1981.

Villari, Francesco. *Il New Deal*. Rome : Editori Riuniti, 1977.

Volterra, Sara. "Corte suprema." *Storia del Nord America*. ed. P. Bairati, Florence : La Nuova Italia, 1978.

Wandersee, Winifred D. *Women's Work and Family Values, 1920-1940*. Cambridge and London : Harvard University Press, 1981.

Warne, Colston E. *The Steel Strike of 1919 : Problems in American Civilization*. Boston : D. C. Heath and Co., 1963.

Weinstein, James. *The Corporate Ideal in the Liberal State*. Boston : Beacon Press, 1968.

Wernette, John Philip. *Government and Business*. New York : Macmillan, 1964.

William, T. Harry. *Huey Long*. New York : Alfred A. Knopf, 1970.

Wilson, Joan Hoff. *The Twenties : The Critical Issues*. New York : Little Brown & Co., 1972.

Witte, Edwin E. *The Development of the Social Security Act*. Madison : University of Wisconsin Press, 1962.

Wolman, Leo. *The Growth of American Trade Unions, 1880-1923*, New York : National Bureau of Economic Research, 1924.

Wolters, Raymond. *Negroes and the Great Depression*. Westport, CT : Greenwood, 1970.

Wood, Arthur Evans and John Barker Waite. *Crime and Its Treatment : Social and Legal Aspects of Criminology*. New York : American Book Co., 1941.

Yoder, Dale. *Labor Economics and Labor Problems*. New York : McGraw-Hill Book Company, [1933] 1939.

Zimmerman, Carle C. and Nathan L. Whetten, *Rural Families on Relief*. New York : Capo Press Reprint Series, 1971.

본문에 사용한 이미지 출처

24쪽 https://www.jacobinmag.com/2014/09/the-promise-of-socialist-feminism

88쪽 https://www.flickr.com/photos/67331818@N03/8507561923/in/photolist-rcaFKH-qUpBDK-rdeUrv-rfb9rs-qUAJph-qVDSq3-efT5Ds-8wTRba-qXhAyf-5REt1J-dXMtL8-dXMtzg-aLPLs-Fb3bBZ-bPrXva-7iiUos-

dMRhe2-ex1dJ7-5riH2H-gjY4ub-dh6edZ-dXT9DY-c6HwXh-5hKwpr-
rBuesX-AybDf5-ST7tnS-owe9pB-AQBG94-osqQ3E-nMvwsR-Lmx5br-
L3dfhy-dh6egc

146쪽 https://www.flickr.com/photos/kheelcenter/5279081959/in/photolist-
93uEYH-93uBAg-93uF9t-93xhzq-93xHML-93uF7D

150쪽 https://www.flickr.com/photos/fdrlibrary/15299154846/in/photolist-
p4u9nm-piWaHQ/

175쪽 https://www.flickr.com/photos/kheelcenter/5279089891/in/photolist-
93uHve-93xNxG-93yiHU-93ve7z-93uHPk

182쪽 http://rankandfile.ca/2016/03/05/weekend-video-women-of-the-gm-flint-
sit-down-strike/

187쪽 https://libcom.org/history/detroit-woolworths-sitdown-strike-1937-marc-
norton

부록

:: 마리아로사 달라 코스따의 주요 활동

　　1967년 7월, 엔리코 오포체르 교수의 지도로 법학 학위를 취득한 마리아로사 달라 코스따는 파도바 대학 레지스탕스 역사연구소에서 2차 세계대전 당시의 이탈리아 레지스탕스와 관련된 모든 문건을 정리하는 일을 맡게 된다. 그리고 당시 오포체르 교수의 조교였던 안또니오 네그리와의 만남으로 『1848년에서 1850년까지 프랑스에서의 계급투쟁』, 『자본』 등 맑스의 작업과 직접적인 관계를 맺게 되었다. 그녀에게 네그리와의 만남은 공장과 전투성을 발견하는 것을 의미하는데, 그녀는 "이것은 제가 찾던 경험이었고, 이해하고 행동할 저 자신의 필요에 부응하는 것이었습니다. …… 방법과 결정, 그리고 현 상황의 변화를 원하는 열정. 이것들은 그 경험의 세 가지 기초 요소에 불과했지만, 이후 제가 활동한 다른 모든 영역들에서도 저는 그것들을 찾을 수 있었습니다."라고 『노동자들』*Gli operaisti*에 실린 인터뷰에서 말하였다.

1960년대 말에서 1970년대 초까지 네그리와 함께 포떼레 오뻬라이오(노동자의 힘)^{Potere Operaio}에서 활동하며 노동자, 기술자, 학생 들의 투쟁에 참여한 달라 코스따는 런던에서 셀마 제임스^{Selma James}를 만나 정치적 협력 관계를 맺게 되었고 가사노동과 가사노동에 대한 보수, 그 수급자로서의 여성, 노동력 생산과 재생산의 장소인 가족 등의 주제로 논의를 시작했다.

그즈음 달라 코스따는 이후 『여성의 힘과 공동체의 전복』의 중심 논문이 되는 한 편의 글을 써서 몇몇 여성들과 회람하는데, 내용은 '불불 노동으로서의 가사노동과 그에 대한 투쟁'이라는 의제의 제기이다. 이 글은 1971년 6월 '빠도바 여성 투쟁 운동'^{Movimento di Lotta Femminile di Padova}이라는 이름으로 서명, 발표되었다. 이후 이탈리아에서 이 운동은 '페미니스트 투쟁'이라는 이름으로 불리게 되었고, '빠도바 여성 투쟁 운동'은 해체하여 가사노동에 대한 임금 그룹 및 위원회 네트워크가 되었다.

저작 『여성의 힘과 공동체의 전복』^{Potere femminile e sovversione sociale}은 1972년 3월 이탈리아의 마르실리오 출판사에서 출간되었고, 그해 10월 영국 폴링 월 출판사에서 영어판이 출간되었다. 이 책에는 셀마 제임스의 「여성의 자리」Il posto della donna도 수록되어 있다. 이 책은 당시 여성운동에서 큰 주목을 받았으며, 재생산과 여성의 지위에 대한 연구가 활발했던 국제 학계의 관심을 이끌어 낸 한편, 여성학의 여러 교과과정에서 페미니즘의 고전으로 채택되었다. 가사노동이 자본주의 축적의 은폐된 측면이라는 것, 즉 집안이라는 닫힌 문 뒤에서 여성들이 노동하고 있다는 것과 그 영역은 거대한 사회적 공장이라는 것, 가정이 생산의 중심점이며 그곳에서 주부가 노동자 혹은 가사노동자houseworker로 일하고 있다는 것을 분석하고 드러내었다.

1972년 빠도바에서 달라 코스따는 셀마 제임스(런던), 실비아 페데리치(뉴욕), 그리고 브리지트 갈띠에Brigitte Galtier(파리)와 함께 국제 페미니스트 컬렉티브International Feminist Collective를 결성하였다. 이들은 재생산 문제에 관한 토론을 장려하고 여러 국가들에서 활동을 조직하여 가사노동에 대한 임금 그룹 및 위원회Gruppi e Comitati per il Salario al lavoro domestico라는 국제적인 네트워크를 형성하는 등 반자본주의적 관점에서 주요한 투쟁들을 조직하는 전투적인 페미니즘을 보여주었다. 이 운동은 경제적 자율을 시작으로 여성들에게 개인적 자율을 보장할 수 있도록 생산 조직과 사회 조직에서 심대한 변화를 촉구하는 한편 과거의 이론들, 특히 해방주의와 단절하였다.

달라 코스따는 1970년대에 재생산-이주-이민의 관계에 관한 연구를 진행하였는데, 임신과 출산의 선택을 둘러싼 여성들의 새로운 행동방식에 특히 주목하였고, 페미니스트 운동과 노동정책·사회정책의 관계를 분석했다. 또한, 미국의 1930년대 시기에, 복지체제의 출현과 도시 핵가족 내에서 여성의 역할이 재정의되는 것의 상관관계를 체계적으로 분석하였는데, 그 시기가 공공의료체계의 부재라는 점에서 현대와 커다란 차이가 있음에도 불구하고, 위기 시기의 현대 가족에게 해당되는 재생산 모델을 제공하기 때문이다. 이 연구는 1983년 『여성, 복지, 국가 : 진보주의와 뉴딜 사이에서』*Famiglia welfare e stato tra Progressismo e New Deal*로 출간되었다.

1970년대 말, 이탈리아에서는 강력한 탄압이 진행되

어 운동의 행로들을 막았고 페미니스트 운동도 예외가 아니었다. 특히 가사노동에 대한 임금 논의는 완전히 무시되거나 강력한 반대에 부딪혔다. 정치적 탄압은 사회적이고 문화적인 규범화를 동반하였다. 이후 1980년대는 신자유주의가 도약을 하고 구조조정 정책들이 급격하게 적용된 시기였는데 생존을 위한 분투가 세계 곳곳에서 광범위하게 증가했고 국제 채무를 상환한다는 명목으로 적용되는 정책들에 맞선 저항도 마찬가지로 확산되었다.

실비아 페데리치가 지적한 바와 같이 신자유주의적 지구화는 재생산 영역도 포함하는 새로운 국제 노동분업의 발전으로 점점 더 정향되는 발전모델을 부과하였고, 점점 더 많은 지구적 남부와 동부의 여성이 유급 가사노동과 유급 돌봄노동을 찾아 선진 지역으로 이주할 수밖에 없었다. 신자유주의적 지구화는 이러한 과정을 통해 매우 효과적인 프롤레타리아화와 노동비용 삭감의 표본을 보여주면서, 돌봄노동조차도 지구화하고 재계층화하였다. 달라 코스따에게 재생산, 그리고 여성의 지위라는 문제는 이러한 틀 속에 위치한다. 이 쟁점들에 관하여 지오반나 프랑카 달라 코스따와 함께 『여성과 채무

정책』*Donne e politiche del debito* 그리고 『여성, 개발과 재생산
노동』*Donne, sviluppo e lavoro di riproduzione*을 엮었다.

1990년대 초반에 달라 코스따는 세계 곳곳의 반신
자유주의 투쟁을 지지하는 행보를 지속하였다. 1992년
에는 멕시코의 치아빠스를 방문하여 사빠띠스따 투쟁
에 격려를 보냈고, 1994년에는 일본에서 열린 여성과 생
태학에 대한 일련의 컨퍼런스에 참석하였다. 히로시마에
서는 원자폭탄 피해자들을 만났고, 오키나와에서는 군
사 기지 주변의 성매매를 반대하는 활동에 적극적이었던
여성 그룹들을 만났다. 이 여성 그룹들은 전쟁 기간 납
치되어 일본군으로부터 성적 서비스 제공을 강요받았던
한국 여성들에 대한 보상을 지지하는 그룹들이었다. 일
본의 주요 도시를 순회하면서 그 기획에 참여하고 있는
유럽의 에코페미니스트 학자들과 생산적인 만남을 가
질 수 있었다. 1996년에는 독일의 마리아 미즈, 인도의
반다나 시바 등과 함께, 로마에서 열린 여성 식량의 날
Women's Day on Food 컨퍼런스에 참여하였다. 이 컨퍼런스는
라 비아 깜뻬시나La Via Campesina가 식량주권 프로그램을
개시한 1996년 국제연합식량농업기구 회담의 일환으로

열린 것이었다. 달라 코스따는 신자유주의 경제의 공유재 공격과 땅과 식량공급, 식량 정책, 식량주권 정책이라는 문제를 핵심적인 연구주제로 삼고 땅과 물을 둘러싼, 그리고 자급경제와 생물다양성을 둘러싼 토착민들의 투쟁에 깊은 관심을 기울여왔다. 우리의 자유와 자급자족을 파괴하는 지배공식으로서의 오늘날의 식량정책이 갖는 전략적 성격을 파악해야만 하는데 그것은 다시 말해서 실험실 생산물로 되어가는 생명이 아니라, 생명의 자발적 재생산의 원천과 순환을 보호하는 싸움이 필요하다는 의미이며, 땅과 물과 씨앗이 우선이 되어야 한다. 식량 파동이 점점 더 자주 일어나 식량에 대한 심각한 경계심을 유발하고, 즐거움보다는 공포를 유발하는 현상은, 식품이 어떤 다른 상품과도 다르다는 인식에서 출발하는 등의 새로운 식량 생산방식에 주의를 기울일 것을 요청한다. 따라서 달라 코스따는 인류 재생산은 돈의 보장, 소득의 보장이라는 형태로조차도 보장될 수 없다고 주장한다. 독극물을 살 수 있을 뿐이라면 돈이 무슨 소용인가? 달라 코스따는 우리가 무엇을 먹을 것인가와 어떻게 먹거리를 생산할 것인가를 결정할 권리로서 식량주권을 행사해야 한다고 말하며 언제나 공유재의 방어, 다른 식량정책, 인류 재생산의 새로운 조건들이라는 관점에서 웹진 『커머너』*The Commoner*, 잡지 『CNS』*Capitalismo Natura Socialismo*, 온라인 잡지 『포에두스』*Foedus* 등에 바다·남획·양어산업의 문제를 주제로 하여 글을 썼다. 달라 코스따는 모니카 킬레스Monica Chilese와 함께 『우리의 어머니인 바다』*Nostra madre oceano*를 출간했다.

또 달라 코스따는 "자연 지구"의 경우에도 가끔 일어나듯이 "자연 여성 신체"의 재생산 능력을 부당하게 거세하는 자궁절제술을 여성의 성숙한 몸이 출산과 낙태 이후 겪게 되는 세 번째 전투로 보고, 자궁절제술의 남용이라는 문제를 탐구하여 『자궁절제술 : 여성에 대한 학대라는 사회적 문제』*Isterectomia. Il problema sociale di un abuso contro le donne*를 출간했다. 그녀는 의사, 변호사를 포함한 여러 참가자들과 가진 일련의 토론에서 공개적으로 이 학대를 고발하였으며 이 주제에 관해서 여성과 의학 전문가들의 의식을 고양하고자 적극적으로 노력하였다.

:: 마리아로사 달라 코스따 주요 저작 목록

1972 : *Potere femminile e sovversione sociale*, with Il posto della donna, di Selma James, Marsilio, Padova, 4° ed. 1977 (이 책은 여러 언어로 번역되었다. 영어 판 : with Selma James, *The Power of Women and the Subversion of the Community*, Falling Wall Press, Bristol, October 1972)

1974 : "Riproduzione e emigrazione" in A. Serafini et al, (edited by), *L'operaio multinazionale in Europa*, Feltrinelli, Milano, 2° ed. 1977, (영어판 : "Reproduction and emigration", in *The Commoner* n. 15, 2012)

1981 : "Emigrazione, immigrazione e composizione di classe in Italia negli anni '70", in *Economia e lavoro*, n. 4, October-December

1983 : Famiglia Welfare e Stato tra Progressismo e New Deal, FrancoAngeli, Milano, 3° ed.1997 (영어판 : *Family, Welfare and the State between Progressivism and the New Deal*, Common Notions, 2015; 한국어판 : 『집안의 노동자』, 갈무리, 2017)

1986 : 家事労働に賃金を ― フェミニズムの新たな展望 (선집), インパクト出版会, 東京, 2° ed.1990)

1993 : *Donne e politiche del debito*, editor with Giovanna F. Dalla Costa, FrancoAngeli, Milano, (영어판 : *Paying the Price*, Zed Books,1995; 일본어판 : 約束された発展? ― 国際債務政策と第三世界の女たち, インパクト出版会, 東京, 1995)

1996 : *Donne sviluppo e lavoro di riproduzione*, editor with Giovanna F. Dalla Costa and author, FrancoAngeli, Milano (영어판 : *Women, Development and Labour of Reproduction. Struggles and Movements*, Africa World Press, Lawrenceville, N. J., USA, 1999)

1998 : *Isterectomia. Il problema sociale di un abuso contro le donne*, editor and author, FrancoAngeli, Milano, 3th expanded ed. 2002, (영어판 : *Gynocide*, Autonomedia, New York, 2007; 일본어판 : 医学の暴力にさらされる女た

ち - イタリアにおける子宮摘出, インパクト出版会, 東京, 2002)

1999 : "L'indigeno che è in noi, la terra cui apparteniamo", in A. Marucci, *Cam-minare domandando*, DeriveApprodi, Roma (영어판 : "The Native in Us, the Land We Belong to", in *Common Sense* n. 23, 1998 and in *The Commoner* n.6, 2002, in www.thecommoner.org)

2005 : with Monica Chilese, *Nostra madre Oceano. Questioni e lotte del movimento dei pescatori*, DeriveApprodi, Roma (영어판 : *Our Mother Ocean*, Common Notions, New York. and Phoneme Books, Delhi, India, 2014)

2005 : with Dario De Bortoli, "Per un'altra agricoltura e un'altra alimentazione in Italia", in *Foedus*, n. 11 (영어판 : "For Another Agriculture and Another Food Policy in Italy", in *The Commoner*, n. 10, 2005)

2005 : "Perché i pesci saltino nell'orto. Biodiversità e salute nei movimenti per un'agricoltura contadina e una pesca artigianale", in *Foedus*, n.12 (영어판 : *So that Fish May Flop in Vegetable Gardens*, in *The Commoner*, n. 15, 2012 (Archive))

2005 : "La puerta del huerto y del jardin" in *Noesis, Revista de Ciencias Sociales y Humanidades*, Universidad Autonoma de Ciudad Juarez, julio-diciembre, vol.15, n. 28

2006 : *La sostenibilidad de la reproduccion. De las luchas por la renta a la salvaguardia de la vida, in Laboratorio feminista, Transformaciones del trabajo desde una perspectiva feminista. Produccion, reproduccion, deseo, consumo*, Tierra de Nadie, Madrid

2012 : "Some Notes on Neoliberalism, on Land and on the Food Question," in *Women in a Globalizing World : Equality, Development Peace and Diversity*, ed. by Angela Miles, Inanna Publications, Toronto

2009 : *Dinero perlas y flores en la reproducciòn feminista*, Akal, Madrid

2014 : *Kadinlar ve Toplumun Altust Edilmesi*, Otonom Yayincilik, Istanbul